コロナ禍の新規上場とアントレプレナーシップ

entre preneur ship

安達　巧　編著
佐藤智充・福本由紀　著

ふくろう出版

まえがき

コロナ禍の2021年5月現在、TBS日曜劇場『ドラゴン桜（2021）』が放映中です。このドラマは『半沢直樹』と同じ日曜日午後9時枠での放映ということもあって視聴率は好調です。「東大合格」という明確な目標設定こそが『ドラゴン桜』の大きなポイントであることは疑いようがありません。

人間は、明確な目標やゴールを設定すれば、集中力が高まり、苦難を乗り越えてその目標やゴールに到達できると私は思っています。

近年、私（安達巧）がいる大学〔院〕業界（？）でもアントレプレナーシップ（起業家精神）教育が盛んです。例えば、武蔵野大学は2021年（今年）4月にアントレプレナーシップ学部を開設しました。また、私が知る限りでもアントレプレナーシップ教育を担当する大学教員の求人募集は〔2021年5月11日時点で〕それなりの数が出ています。

私自身、ビジネス・スクール（経営専門職大学院）教授としてアントレプレナーシップに関する研究及び教育に従事しています。本書は、研究過程で得たデータの一部を表したものです。読者諸兄は本書を通じてコロナ禍の15ヶ月間（2020年1月から2021年3月まで）に新規上場を果たした企業の実態を掴むことができるでしょう。

目次からも推察できるとは思いますが、本書第1部第2章では2020年1月から2021年3月までの15ヶ月間で新規上場を果たした113社について、「創業から上場までに要した期間」、「新規上場企業の本社所在地」、「新規上場時の資金吸収額」、「新規上場時の役員年齢」の各分類結果を紹介しています。

本書の想定読者は、大学やビジネス・スクール等でアントレプレナー教育の研究及び教育に取り組んでおられる先生方及び起業を志す方々です。「目標やゴールを明確にして集中力を高めて頂く」ための一助として私たちは本書を公刊することにしました。

もちろん、読者諸兄が本書で取り上げていない視点で上場企業の分析をして頂くことも可能ですし、目的意識を持って各企業の有価証券報告書等を読めば、新規上場への「傾向と対策」が掴めるかもしれません。

コロナ禍の現在、経済的に追い詰められておられる方も少なくありません。

一方で、コロナ禍の環境変化にも適応して成長を続け、新規上場（IPO）を果たした会社は2020年1月から2021年3月までの15ヶ月間で113社にのぼりますし、そうした会社の創業者の大半は創業者利益を得ています。

20代で上場企業の社長の仲間入りをした人がいる一方、シニア層の創業及び上場も少なくないことが読み取れるはずです。起業の目標がIPOによる上場とは限りませんが（上場はスタートに過ぎないとも言えます）、明確な目標にはなり得ます。

本書で新規上場への「傾向と対策」ができたなら、ぜひIPOにチャレンジして下さい。

本書第２部では、かつてのアントレプレナーたちの奮闘の成果でもある日本の全上場企業を本社所在地（都道府県）別に掲載しています。

また、本書の「あとがきに代えて－新たな行動を起こすために学び続ける－」は、小野田赤十字病院・病院長としてコロナ禍で多忙を極める医師の佐藤智充氏にご執筆頂きました。

前頁で紹介した武蔵野大学アントレプレナーシップ学部は、同学部 HP 上で「アントレプレナーシップとは、高い志と倫理観に基づき、失敗を恐れずに踏み出し、新たな価値を見出し、創造していくマインドです」と説明しています。

佐藤医師は紛れもないアントレプレナーです。人生の折り返し点を過ぎても「新たな行動を起こすために学び続ける」佐藤さんの言葉は、読者諸兄が「次の一歩」を踏み出すための勇気を与えてくれるに違いありません。

最後になりますが、本書公刊にあたり、ふくろう出版学術図書事業部の皆様には大変お世話になりました。記して深く感謝いたします。

2021年5月11日

著者を代表して
安達　巧

目　次

第１部　2020 年１月１日～2021 年３月 31 日の新規上場企業

第１章　わが国の証券取引所の市場と上場基準

東京証券取引所をはじめ、わが国の各証券取引所に上場するためには一定の基準が存在する。本書では第２章の前に本章（第１章）を設けて、各証券取引所の上場基準をまとめた。なお、下掲の表１は、各証券取引所のホームページ掲載情報に基づき、「市場」、「上場時時価総額」、「売上高利益の額又は売上高」及び「事業継続年数」について記載している。

東京証券取引所には、市場第一部・市場第二部、マザーズ、JASDAQ 及び TOKYO PRO Market がある。市場第一部・市場第二部は、国内外を代表する大企業・中堅企業が上場する日本の中心的な株式市場であるが、マザーズは近い将来の市場第一部へのステップアップを視野に入れた成長企業向け市場である。また、JASDAQ はスタンダードとグロースに分かれており、スタンダードは一定の事業規模拡大を有する成長企業を対象とした市場であるのに対して、グロースはより将来の成長性に富んだ企業群を対象としたものである。TOKYO PRO Market は、形式基準（数値基準）はなく、J-Adviser 制度を導入している。

名古屋証券取引所には、セントレックスと一部・二部がある。セントレックスは、成長が期待される事業に対して資金調達や企業知名度の向上の機会を提供している。

福岡証券取引所には、福証と Q - Board がある。福証は、一定の実績を有し、安定性と成長性を兼ね備えた企業を対象とした市場であり、Q - Board は成長の可能性が見込まれる企業を対象とした市場である。

札幌証券取引所は、本市場の札証とアンビシャスに分かれている。アンビシャスは、成長が見込まれる中小企業及び安定的な成長を続けている中小・中堅企業、さらには北海道と何らかの繋がりを有している企業が対象となっている。札証には、対象企業の基準はない。

表１　日本の証券取引所の上場基準

	市場	上場時価総額	売上高利益の額又は売上高	事業継続年数
東京証券取引所	マザーズ	―	―	新規上場申請日から起算して、１か年以前から取締役会を設置して継続的に事業活動をしていること
	東証一部	250 億円以上	連結純資産の額が 50 億円以上（かつ、単体純資産の額が負でない）	新規上場申請日から起算して、３か年以前から取締役会を設置して、継続的に事業活動をしていること

東京証券取引所	東証二部	—	最近1年間の利益の額が1億円以上	新規上場申請日から起算して、3か年以前から取締役会を設置して、継続的に事業活動をしていること
	JASDAQ	—	最近1年間の利益の額が2億円以上	新規上場申請日から起算して、3か年以前から取締役会を設置して、継続的に事業活動をしていること
	TOKYO PRO Market	形式基準（数値基準）はなく、J-Adviser制度を導入している		
名古屋証券取引所	名証一部	250億円以上	最近2年間総額5億円以上又は時価総額500億円以上（最近1年間の売上高が100億円未満である場合を除く）	3年以前から取締役会を設置して、継続的に事業活動をしていること
	名証二部	10億円以上	最近1年間1億円以上又は時価総額500億円以上（最近1年間の売上高が100億円未満である場合を除く）	3年以前から取締役会を設置して、継続的に事業活動をしていること
	セントレックス	3億円以上	高い成長の可能性を有していると認められる事業の売上高が上場申請日の前日までに計上されていること	1年以前から取締役会を設置して継続的に事業活動をしていること
福岡証券取引所	福証	10億円以上	—	3年以前から取締役会を設置して、継続的に事業活動をしていること
	Q-Board	3億円以上	成長可能事業の売上高が計上されていること	1年以前から取締役会を設置して、継続的に事業活動をしていること

<table>
<tr><td rowspan="2">札幌証券取引所</td><td>アンビシャス</td><td>—</td><td>最近1年間の営業利益の額が「正」。営業利益の額が「正」でない場合において、高い収益性が期待できる場合を含む</td><td>1年以前から取締役会を設置して事業活動を継続</td></tr>
<tr><td>札証</td><td>上場日
10億円以上</td><td>最近1年間の経常利益が5,000万円以上</td><td>3年以前から取締役会を設置して事業活動を継続</td></tr>
</table>

出所：各証券取引所HP

2020年2月21日に東京証券取引所は新市場区分の概要などを公表[1]した。現在の市場第一部、市場第二部、マザーズ、JASDAQの四つの区分をプライム市場、スタンダード市場、グロース市場の3つの区分にするという内容である。（市場区分名称は2020年2月21日時点の仮称）プライム市場は、多くの機関投資家の投資対象になりうる規模の時価総額（流動性）を持ち、より高いガバナンス水準を備え、投資家との建設的な対話を中心に据えて持続的な成長と中長期的な企業価値の向上にコミットする企業向けの市場。スタンダード市場は公開された市場における投資対象として一定の時価総額（流動性）を持ち、上場企業としての基本的なガバナンス水準を備えつつ、持続的な成長と中長期的な企業価値の向上にコミットする企業向けの市場。グロース市場は高い成長可能性を実現するための事業計画及びその進捗の適時・適切な開示が行われ一定の市場評価が得られる一方、事業実績の観点から相対的にリスクが高い企業向けの市場としている。新市場区分への一斉移行日は2022年4月4日[2]を想定としている。

1 東京証券取引所（2020b）
2 東京証券取引所（2021a）

第２章　2020年１月１日～2021年３月31日の新規上場企業の分類

第１節　創業から上場までに要した期間

本章（第２章）第１節～第４節は、上場日が2020年１月から2021年３月31日までの113社について表形式でまとめている。なお、各表は、新規上場各社の新規上場申請のための有価証券報告書（Ⅰの部）及び東京IPO「IPOスケジュール」の情報を基に作成している。

既に上場している企業による持ち株会社体制への移行に伴う上場や株式移転による上場は対象としていないことを予め付記する。

表２　上場までに要した期間と企業数

上場までに要した期間	企業数（社）
２年（24ヶ月）以内	1
２年（24ヶ月）超３年（36ヶ月）以内	4
３年（36ヶ月）超５年（60ヶ月）以内	13
５年（60ヶ月）超10年（120ヶ月）以内	24
10年（120ヶ月）超	71

出所：各社新規上場申請のための有価証券報告書（Ⅰの部）及び東京IPO「IPO情報『IPOスケジュール』」

（http://www.tokyoipo.com/ipo/schedule.php）

表３　２年（24ヶ月）以内に上場した企業

企業名	上場に要した期間（カ月）	上場日	設立年月日	事業内容
Kids Smile Holdings	23	2020年３月	2018年４月	東京都、神奈川県、愛知県における認可保育所及び認可外保育施設の運営、ならびに幼児教育に関する事業

出所：各社新規上場申請のための有価証券報告書（Ⅰの部）及び東京IPO「IPO情報『IPOスケジュール』」

（http://www.tokyoipo.com/ipo/schedule.php）

表４　２年（24 ヶ月）超３年（36 ヶ月）以内に上場した企業

企業名	上場に要した期間（カ月）	上場日	設立年月日	事業内容
ニューラルポケット	30	2020 年８月	2018 年１月	AIエンジニアリング事業(独自開発のアルゴリズムによる画像・動画解析技術とエッジコンピューティング技術の活用によるソリューション提供)
きずなホールディングス	33	2020 年３月	2017 年６月	葬儀施行及び葬儀付帯業務を提供する葬儀施行業等
ＳＴＩフードホールディングス	33	2020 年９月	2017年 11 月	水産原料素材の調達から製造・販売までを一貫して行う食品製品販売事業
Ａｐｐｉｅｒ Ｇｒｏｕｐ	35	2021 年３月	2018 年４月	最先端の機械学習を活用したAI技術によって、マーケティングとセールスの領域において、企業の持つデータが真の価値を発揮することを可能にするAI プラットフォームの提供

出所：各社新規上場申請のための有価証券報告書（Ⅰの部)及び東京 IPO「IPO 情報『IPO スケジュール』」

（http://www.tokyoipo.com/ipo/schedule.php）

表５　３年（36 ヶ月）超５年（60 ヶ月）以内に上場した企業

企業名	上場に要した期間（カ月）	上場日	設立年月日	事業内容
雪国まいたけ	38	2020 年９月	2017 年７月	まいたけ、エリンギ、ぶなしめじ等の生産販売及びきのこの加工食品の製造販売
ダイレクトマーケティングミックス	38	2020年 10 月	2017 年８月	ダイレクトマーケティングを通じた営業ソリューションサービスの提供

さくらさくプラス	38	2020年10月	2017年8月	認可保育所を中心とした保育所等の運営
フォースタートアップス	42	2020年3月	2016年9月	スタートアップ企業を対象とした人材支援サービス及びオープンイノベーションサポート等を中心とした成長産業支援事業
Kaizen Platform	44	2020年12月	2017年4月	Webサイトの UI/UX 改善サービスの提供及び広告/営業/販促動画制作支援により、企業の顧客体験のデジタルトランスフォーメーションを推進
ティアンドエス	45	2020年8月	2016年11月	大手企業及び半導体工場向けシステム開発・運用保守・インフラ構築、AI 関連のソフトウェア開発
ロコガイド	47	2020年6月	2016年7月	チラシ・買い物情報サービス「トクバイ」の運営
ポピンズホールディングス	50	2020年12月	2016年10月	ベビーシッター派遣等を中心とした在宅サービス事業及び保育・学童施設等の運営を行うエデュケア事業等
ヒューマンクリエイションホールディングス	53	2021年3月	2016年10月	システムの開発・保守を行う技術者派遣に特化した人材派遣事業
モダリス	54	2020年8月	2016年1月	コアとなるプラットフォーム技術である『切らない CRISPR 技術(CRISPR-GNDM 技術)』を用いた遺伝子治療薬の研究開発
Macbee Planet	55	2020年3月	2015年8月	データを活用したマーケティング分析サービスの提供
スタメン	58	2020年12月	2016年1月	エンゲージメント経営プラットフォーム「TUNAG」の開発及び提供等

ウイングアーク１ｓｔ	60	2021 年３月	2016 年３月	企業の情報活用を促進するソフトウェアおよびクラウドサービスの提供

出所：各社新規上場申請のための有価証券報告書（Ⅰの部)及び東京 IPO「IPO 情報『IPO スケジュール』」
（http://www.tokyoipo.com/ipo/schedule.php）

表６　５年（60 ヶ月）超 10 年（120 ヶ月）以内に上場した企業

企業名	上場に要した期間（カ月）	上場日	設立年月日	事業内容
バリオセキュア	62	2020年11月	2015 年９月	ネットワークセキュリティ機器と独自監視システムによる運用、監視、サポートサービスの提供。ネットワークセキュリティ機器販売、ならびにネットワーク機器の調達、構築によるインテグレーションサービスの提供
アディッシュ	65	2020 年３月	2014 年 10 月	ソーシャルアプリ向けサポート、ソーシャルリスク投稿モニタリングやネットいじめ対策などのカスタマーリレーション事業
ウェルスナビ	67	2020年12月	2015 年４月	資産運用を全自動化したロボアドバイザーの開発・提供
ＥＮＥＣＨＡＮＧＥ	67	2020年12月	2015 年４月	消費者向けの電力・ガス切り替えプラットフォーム「エネチェンジ」等の運営を行うエネルギープラットフォーム事業、エネルギー会社等向けのクラウド型 DX サービス「EMAP(デジタルマーケティング支援 SaaS)」及び「SMAP(スマートメーター活用 SaaS)」等の提供を行うエネルギーデータ事業

東京通信	67	2020年12月	2015年5月	アプリ事業、広告代理事業、その他
インバウンドテック	68	2020年12月	2015年4月	24時間365日・多言語対応コンタクトセンター運営事業、セールスアウトソーシング事業
Ｂｒａｎｄｉｎｇ Ｅｎｇｉｎｅｅｒ	81	2020年7月	2013年10月	企業に対してエンジニアリソースの提供を行うMidworks事業、メディア事業及びプログラミングスクール運営等
ｃｏｌｙ	84	2021年2月	2014年2月	モバイルオンラインゲームの企画・開発・運営事業等
タスキ	86	2020年10月	2013年8月	新築投資用IoTレジデンスの企画、開発、販売及びコンサルティング等
ファンペップ	86	2020年12月	2013年1月	機能性ペプチドを用いた医薬品等の研究開発事業
ミクリード	87	2020年3月	2012年11月	飲食店向け業務用食材等の企画・販売
Sun Asterisk	88	2020年7月	2013年3月	産業のデジタライゼーションを推進するデジタル・クリエイティブスタジオ事業
ヤプリ	94	2020年12月	2013年2月	スマホアプリの開発・運用・分析をノーコード(プログラミング不要)で提供するアプリプラットフォーム「Yappli」の運営
ビザスク	95	2020年3月	2012年3月	ビジネス分野に特化したナレッジシェアリングプラットフォームの運営
リビングプラットフォーム	104	2020年3月	2011年6月	介護事業、保育事業、障がい者支援事業
グッドパッチ	105	2020年6月	2011年9月	UI/UXデザイン支援事業
ジモティー	107	2020年2月	2011年2月	クラシファイドサイト「ジモティー」の企画・開発・運営
ｉ－ｐｌｕｇ	107	2021年3月	2012年4月	新卒ダイレクトリクルーティングサービス「OfferBox」の運営

アクシージア	109	2021 年２月	2011 年 12 月	化粧品及びサプリメント製造・販売事業
プレイド	110	2020年12月	2011 年 10 月	クラウド型 CX(顧客体験)プラットフォーム「KARTE」の提供
ココナラ	110	2021 年３月	2012 年１月	知識・スキル・経験を商品化して「EC のように売買できる」マッチングプラットフォーム
サイバーセキュリティクラウド	115	2020 年３月	2010 年８月	AI 技術を活用したサイバーセキュリティサービスの開発・提供
かっこ	118	2020年12月	2011 年１月	データサイエンスの技術とノウハウをもとに、アルゴリズム及びソフトウェアを開発・提供することで、企業の課題解決やチャレンジを支援する「SaaS 型アルゴリズム提供事業」
Retty	119	2020年10月	2010 年 11 月	グルメプラットフォーム「Retty」の運営等

出所：各社新規上場申請のための有価証券報告書（Ｉの部)及び東京 IPO「IPO 情報『IPO スケジュール』」
（http://www.tokyoipo.com/ipo/schedule.php）

表７　10 年（120 ヶ月）超で上場した企業

企業名	上場に要した期間（カ月）	上場日	設立年月日	事業内容
ＡＨＣグループ	121	2020 年２月	2010 年１月	障害福祉事業(放課後等デイサービス、就労継続支援Ｂ型、共同生活援助事業所の運営等)、介護事業(通所介護事業所の運営等)、外食事業等
トヨクモ	121	2020 年９月	2010 年８月	法人向けクラウドサービス事業(安否確認サービス及び kintone 連携サービスの開発・販売)

ＷＡＣＵＬ	124	2021年2月	2010年9月	デジタルマーケティングのPDCAプラットフォーム「AIアナリスト・シリーズ」の提供、「DXコンサルティング」の提供、企業・学術機関との共同研究等により顧客企業のデジタルトランスフォーメーションを推進
ＫＩＹＯラーニング	126	2020年7月	2010年1月	個人向けオンライン資格講座及び法人向け社員教育クラウドサービスの提供
Fast Fitness Japan	126	2020年12月	2010年5月	24時間型フィットネスクラブ“エニタイムフィットネス”の日本におけるマスターフランチャイジーとしてフランチャイズシステムを運営
プレミアアンチエイジング	130	2020年10月	2009年12月	基礎化粧品の製造及び販売
ＭＩＴホールディングス	131	2020年11月	2009年12月	システムインテグレーションサービス(開発、運用保守、インフラ構築等)及びソリューションサービス(デジタルブック、CAD、顔認証等)
Ｔ．Ｓ．Ｉ	133	2021年3月	2010年2月	サービス付き高齢者向け住宅の建築及び介護サービスの提供
カーブスホールディングス	136	2020年3月	2008年10月	女性向けフィットネス施設「カーブス」の運営等
クリーマ	140	2020年11月	2009年3月	ハンドメイドマーケットプレイス「Creema」の運営、及びクリエイターのエンパワーメントを目的とする各種サービスの提供

カラダノート	142	2020年10月	2008年12月	妊娠育児ママ層向けのアプリ提供及び家族向けサービスを展開する企業へのプロモーション支援事業
ドラフト	143	2020年３月	2008年４月	空間(オフィス、商業施設、都市開発、環境設計、その他)の企画デザイン・設計・施工
Ｓｐｅｅｅ	151	2020年７月	2007年11月	データ資産を利活用したマーケティング活動を支援するMarTech事業及び消費者と事業者を繋ぐプラットフォームサービスを提供しリアル産業のデジタルシフトを促進するX-Tech事業の運営等
リバーホールディングス	152	2020年３月	2007年７月	資源リサイクル事業
Ｓｈａｒｉｎｇ Ｉｎｎｏｖａｔｉｏｎｓ	153	2021年３月	2008年６月	システム開発ならびにクラウドインテグレーション
オンデック	156	2020年12月	2007年12月	M&Aに関する仲介、アドバイザリー業務
Ｉ－ｎｅ	161	2020年９月	2007年３月	ヘアケア製品、美容家電、化粧品及び健康食品関連のファブレスメーカー
ココペリ	162	2020年12月	2007年６月	中小企業向け経営支援プラットフォーム「Big Advance」及びAIモジュール「FAI」の開発・提供等
コマースＯｎｅホールディングス	166	2020年６月	2006年８月	ECプラットフォーム関連事業
いつも	166	2020年12月	2007年２月	EC総合支援
アララ	171	2020年11月	2006年８月	キャッシュレスサービス事業、メッセージングサービス事業、データセキュリティサービス事業等

ジオコード	174	2020年11月	2006年5月	Web マーケティング事業及びクラウド事業(業務支援ツール「ネクスト SFA」、「ネクスト IC カード」の開発・提供)
QD レーザ	177	2021年2月	2006年4月	半導体レーザ、網膜走査型レーザアイウェアおよびそれらの応用製品の開発・製造・販売
フィーチャ	178	2020年6月	2005年8月	画像認識ソフトウェアの開発
ヘッドウォータース	178	2020年9月	2005年11月	AI ソリューション事業(企業の経営課題を IT や AI のシステム開発を通して解決するソリューション事業を提供)
リグア	185	2020年3月	2004年10月	接骨院などの経営支援を行う接骨院ソリューション事業、保険代理店や金融商品仲介業を行う金融サービス事業
rakumo	189	2020年9月	2004年12月	企業向けクラウド型グループウェア製品「rakumo」の開発・販売等
インターファクトリー	205	2020年8月	2003年6月	クラウド型 EC プラットフォーム構築事業
アールプランナー	208	2021年2月	2003年10月	戸建住宅事業、その他不動産事業
バルミューダ	212	2020年12月	2003年3月	家電製品の企画・製造・販売
アースインフィニティ	218	2020年10月	2002年7月	小売電気事業、ガス小売事業、電子機器の製造・販売・卸業
アイキューブドシステムズ	225	2020年7月	2001年9月	法人向けモバイルデバイス管理サービスの提供
クリングルファーマ	228	2020年12月	2001年12月	HGF(肝細胞増殖因子)タンパク質を用いた難治性疾患の治療薬の研究開発

ブロードマインド	230	2021 年３月	2002 年１月	個人及び法人向けに保険代理店業、住宅ローン代理業、金融商品仲介業、宅地建物取引業に係るソリューションをワンストップで提供するフィナンシャルパートナー事業
NexTone	234	2020 年３月	2000 年９月	著作権等管理事業、デジタルコンテンツディストリビューション事業、キャスティング・コンサルティング事業等
ジーネクスト	236	2021 年３月	2001 年７月	顧客対応ソフトウェア「Discoveriez」の開発及び提供
アピリッツ	247	2021 年２月	2000 年７月	各種 Web サービスシステムの受託開発それに伴うコンサルティング・アクセス解析・インフラ構築・保守・監視事業・及びオンラインゲームにかかる企画・開発・運営、人材派遣事業の運営
ビートレンド	249	2020 年12月	2000 年３月	飲食店・小売店等を展開する企業向け顧客情報管理ツールである CRM ソフトウェアプラットフォーム「betrend」の提供・運営
GMOフィナンシャルゲート	250	2020 年７月	1999 年９月	クレジットカード、デビットカード、電子マネー、ポイント等による対面型決済を行う決済端末の提供及び決済処理サービス
スパイダープラス	253	2021 年３月	2000 年２月	建設業を主な対象とした建築図面・現場管理アプリ「SPIDERPLUS」の開発・販売
イー・ロジット	253	2021 年３月	2000 年２月	インターネット通販事業者の物流代行及び物流業務コンサルティング

ヴィス	254	2020年3月	1999年1月	オフィス空間の設計デザイン・施工を行うデザイナーズオフィス事業等
コパ・コーポレーション	260	2020年6月	1998年10月	実演販売を利用した商品卸売業
まぐまぐ	260	2020年9月	1999年1月	コンテンツ配信プラットフォームの運営を行うプラットフォーム事業、Webメディアの運営等を行うメディア広告事業、クリエイター活動の支援を行うその他事業
交換できるくん	265	2020年12月	1998年11月	インターネットを利用した住宅設備機器の販売
グラフィコ	286	2020年9月	1996年11月	健康食品・化粧品・日用雑貨・医薬品等の企画製造販売
リベルタ	286	2020年12月	1997年2月	美容商品、トイレタリー商品、機能衣料商品等の企画販売及び輸入腕時計日本総代理店業務
日本情報クリエイト	311	2020年7月	1994年8月	不動産業者向けソフトウエア・サービスの提供
グローバルインフォメーション	311	2020年12月	1995年1月	市場・技術動向調査レポートの販売、年間契約型情報サービスの販売、市場・技術動向調査の受託、国際会議・展示会の販売
ウイルテック	335	2020年3月	1992年4月	製造請負・製造派遣事業、機電系・建設系技術者派遣事業、受託製造事業
アクシス	351	2020年9月	1991年6月	業務アプリケーションの設計開発・運用保守、インフラシステムの設計構築・運用保守の提供及びクラウドサービスの提供
ベビーカレンダー	359	2021年3月	1991年4月	妊娠・出産・育児向けの情報メディア事業及び産婦人科向けの経営支援ソリューション等

ニッソウ	378	2020 年３月	1988 年９月	不動産物件のリフォーム工事
関通	406	2020 年３月	1986 年４月	主に E コマースを展開する顧客の配送センター業務を代行する「EC・通販物流支援サービス」等
ビーイングホールディングス	410	2020 年 12 月	1986 年９月	生活物資に特化した物流事業(主に自社及び顧客の物流センターの輸送・保管・包装・荷役・流通加工・情報システムの構築を一貫して手掛ける 3PL 事業、物流コンサルティング)、その他(旅客事業等)
ゼネテック	416	2020 年３月	1985 年７月	組込みソフトウェア及びハードウェアのシステム受託開発、製造業を中心とするエンジニアリングソリューションの提供
ミアヘルサ	426	2020 年３月	1984 年９月	調剤薬局、保育園、介護事業所の運営
松屋アールアンドディ	451	2020 年４月	1982 年８月	自動車安全装置縫合システムの開発・製造・販売、レーザー裁断機の開発・製造・販売、血圧計腕帯の製造、カーシートカバーの生産等
コンピューターマネージメント	459	2020 年３月	1981 年 11 月	システムの受託開発等
フォーラムエンジニアリング	466	2020 年３月	1981 年４月	エンジニア人材の派遣事業・紹介事業
日通システム	474	2020 年 10 月	1981 年４月	統合 HRM ソリューションの開発・販売・サポートまでの一貫したソリューションサービスの提供
東和ハイシステム	513	2020 年 12 月	1978 年３月	歯科医院向け統合システム(電子カルテ・レセプト・各種アプリケーション等)の開発・販売

シキノハイテック	553	2021年3月	1975年1月	半導体検査装置の開発・製造、LSIの設計及びIPコアの開発、カメラモジュール及び画像処理システムの開発・製造
エブレン	560	2020年6月	1973年10月	産業用電子機器・工業用コンピュータの設計・製造・販売
ローランド	583	2020年12月	1972年4月	電子機器、電子機器およびそのソフトウェアの製造販売ならびに輸出入
コーユーレンティア	592	2020年2月	1970年10月	家具、什器・備品(FF&E)、OA機器のレンタル及び付帯するサービス等
オーケーエム	702	2020年12月	1962年5月	バルブ製造販売事業
ＳＡＮＥＩ	720	2020年12月	1960年12月	給排水器具等の製造販売
日本インシュレーション	854	2020年3月	1949年1月	耐火性能を有するゾノトライト系けい酸カルシウムを基材とする耐火・断熱材料の製造・販売・施工及びその他周辺工事の施工
木村工機	871	2020年3月	1947年8月	空調システム機器の開発・製造・販売
室町ケミカル	883	2021年2月	1947年7月	医薬品の製造・販売、健康食品の企画・製造・販売、イオン交換樹脂の販売・加工

出所：各社新規上場申請のための有価証券報告書（Ｉの部)及び東京IPO「IPO情報『IPOスケジュール』」

（http://www.tokyoipo.com/ipo/schedule.php）

第２節　新規上場企業の本社所在地

本節の表 9～表 17 では上場日順に表記している。

表８　本社所在地と企業数

本　社　所　在　地	企業数(社)
東京都	80
神奈川県	3
東京・神奈川以外の首都圏	1
大阪府	15
京都府	1
大阪・京都以外の関西圏	1
愛知県	2
福岡県	2
上記以外	8

出所：各社新規上場申請のための有価証券報告書（Ｉの部)及び東京 IPO「IPO 情報『IPO スケジュール』」（http://www.tokyoipo.com/ipo/schedule.php）

表９　東京都が本社所在地の企業

企業名	本社所在地	事業内容
コーユーレンティア	東京都港区新橋 6-17-15	家具、什器・備品(FF&E)、OA 機器のレンタル及び付帯するサービス等
ジモティー	東京都品川区西五反田 1-30-2	クラシファイドサイト「ジモティー」の企画・開発・運営
ＡＨＣグループ	東京都千代田区岩本町 2-11-9　イトーピア橋本ビル 2 階	障害福祉事業(放課後等デイサービス、就労継続支援 B 型、共同生活援助事業所の運営等)、介護事業(通所介護事業所の運営等)、外食事業等
カーブスホールディングス	東京都港区芝浦 3-9-1	女性向けフィットネス施設「カーブス」の運営等
Kids Smile Holdings	東京都品川区西五反田 1-3-8	東京都、神奈川県、愛知県における認可保育所及び認可外保育施設の運営、ならびに幼児教育に関する事業
きずなホールディングス	東京都港区芝 4-5-10	葬儀施行及び葬儀付帯業務を提供する葬儀施行業等

フォーラムエンジニアリング	東京都港区虎ノ門4-3-1	エンジニア人材の派遣事業・紹介事業
ビザスク	東京都目黒区青葉台 4-7-7 住友不動産青葉台ヒルズ9F	ビジネス分野に特化したナレッジシェアリングプラットフォームの運営
フォースタートアップス	東京都港区六本木1-6-1	スタートアップ企業を対象とした人材支援サービス及びオープンイノベーションサポート等を中心とした成長産業支援事業
ミクリード	東京都中央区日本橋 2-16-13	飲食店向け業務用食材等の企画・販売
ミアヘルサ	東京都新宿区河田町 3-10	調剤薬局、保育園、介護事業所の運営
ドラフト	東京都渋谷区神宮前 1-13-9	空間(オフィス、商業施設、都市開発、環境設計、その他)の企画デザイン・設計・施工
ゼネテック	東京都新宿区新宿2-19-1	組込みソフトウェア及びハードウェアのシステム受託開発、製造業を中心とするエンジニアリングソリューションの提供
リバーホールディングス	東京都千代田区大手町 1-7-2 東京サンケイビル 15 階	資源リサイクル事業
アディッシュ	東京都品川区西五反田 1-21-8	ソーシャルアプリ向けサポート、ソーシャルリスク投稿モニタリングやネットいじめ対策などのカスタマーリレーション事業
サイバーセキュリティクラウド	東京都渋谷区東3-9-19	AI 技術を活用したサイバーセキュリティサービスの開発・提供
ニッソウ	東京都世田谷区経堂 1-8-17	不動産物件のリフォーム工事
NexTone	東京都渋谷区広尾1-1-39 恵比寿プライムスクエアタワー20F	著作権等管理事業、デジタルコンテンツディストリビューション事業、キャスティング・コンサルティング事業等
Macbee Planet	東京都渋谷区渋谷3-11-11	データを活用したマーケティング分析サービスの提供

コパ・コーポレーション	東京都渋谷区恵比寿南2-23-7	実演販売を利用した商品卸売業
ロコガイド	東京都港区三田1-4-28	チラシ・買い物情報サービス「トクバイ」の運営
フィーチャ	東京都豊島区東池袋3-1-1	画像認識ソフトウェアの開発
コマースＯｎｅホールディングス	東京都千代田区四番町6 東急番町ビル	ECプラットフォーム関連事業
エブレン	東京都八王子市石川町2970-6	産業用電子機器･工業用コンピュータの設計・製造・販売
グッドパッチ	東京都渋谷区鶯谷町3-3	UI/UXデザイン支援事業
Ｂｒａｎｄｉｎｇ Ｅｎｇｉｎｅｅｒ	東京都渋谷区円山町 28-3　いちご渋谷道玄坂ビル5F	企業に対してエンジニアリソースの提供を行う Midworks 事業、メディア事業及びプログラミングスクール運営等
Ｓｐｅｅｅ	東京都港区六本木4-1-4	データ資産を利活用したマーケティング活動を支援するMarTech事業及び消費者と事業者を繋ぐプラットフォームサービスを提供しリアル産業のデジタルシフトを促進するX-Tech事業の運営等
ＧＭＯフィナンシャルゲート	東京都渋谷区道玄坂1-14-6	クレジットカード、デビットカード、電子マネー、ポイント等による対面型決済を行う決済端末の提供及び決済処理サービス
ＫＩＹＯラーニング	東京都千代田区紀尾井町4-13	個人向けオンライン資格講座及び法人向け社員教育クラウドサービスの提供
Sun Asterisk	東京都千代田区神田紺屋町15	産業のデジタライゼーションを推進するデジタル・クリエイティブスタジオ事業
モダリス	東京都中央区日本橋兜町16-5	コアとなるプラットフォーム技術である『切らない CRISPR 技術(CRISPR-GNDM技術)』を用いた遺伝子治療薬の研究開発
ニューラルポケット	東京都千代田区有楽町1-1-2	AIエンジニアリング事業（独自開発のアルゴリズムによる画像･動画解析技術とエッジコンピューティング技術の活用によるソリューション提供）

インターファクトリー	東京都千代田区富士見 2-10-2	クラウド型 EC プラットフォーム構築事業
トヨクモ	東京都品川区西五反田 2-27-3	法人向けクラウドサービス事業(安否確認サービス及び kintone 連携サービスの開発・販売)
まぐまぐ	東京都品川区西五反田 3-12-14 西五反田プレイス 8 階	コンテンツ配信プラットフォームの運営を行うプラットフォーム事業、Web メディアの運営等を行うメディア広告事業、クリエイター活動の支援を行うその他事業
グラフィコ	東京都品川区大崎 1-6-1	健康食品・化粧品・日用雑貨・医薬品等の企画製造販売
ＳＴＩフードホールディングス	東京都港区南青山 1-15-14	水産原料素材の調達から製造・販売までを一貫して行う食品製品販売事業
rakumo	東京都千代田区麹町 3-2	企業向けクラウド型グループウェア製品「rakumo」の開発・販売等
ヘッドウォータース	東京都新宿区新宿 2-16-6	AI ソリューション事業(企業の経営課題を IT や AI のシステム開発を通して解決するソリューション事業を提供)
アクシス	東京都港区西新橋 2-3-1	業務アプリケーションの設計開発・運用保守、インフラシステムの設計構築・運用保守の提供及びクラウドサービスの提供
タスキ	東京都港区北青山 2-7-9	新築投資用 IoT レジデンスの企画、開発、販売及びコンサルティング等
日通システム	東京都千代田区外神田 4-14-1	統合 HRM ソリューションの開発・販売・サポートまでの一貫したソリューションサービスの提供
カラダノート	東京都港区芝公園 2-11-11	妊娠育児ママ層向けのアプリ提供及び家族向けサービスを展開する企業へのプロモーション支援事業
プレミアアンチエイジング	東京都港区虎ノ門 1-23-1 虎ノ門ヒルズ森タワー	基礎化粧品の製造及び販売
さくらさくプラス	東京都千代田区有楽町 1-2-2 東宝日比谷ビル	認可保育所を中心とした保育所等の運営

Retty	東京都港区三田 1-4-1　住友不動産麻布十番ビル３階	グルメプラットフォーム「Retty」の運営等
アララ	東京都港区南青山 2-24-15	キャッシュレスサービス事業、メッセージングサービス事業、データセキュリティサービス事業等
ジオコード	東京都新宿区新宿 4-1-6	Web マーケティング事業及びクラウド事業(業務支援ツール「ネクスト SFA」、「ネクスト IC カード」の開発・提供)
クリーマ	東京都港区北青山 2-12-5	ハンドメイドマーケットプレイス「Creema」の運営、及びクリエイターのエンパワーメントを目的とする各種サービスの提供
バリオセキュア	東京都千代田区神田錦町 1-6	ネットワークセキュリティ機器と独自監視システムによる運用、監視、サポートサービスの提供。ネットワークセキュリティ機器販売、ならびにネットワーク機器の調達、構築によるインテグレーションサービスの提供
Fast Fitness Japan	東京都新宿区西新宿 6-12-1	24 時間型フィットネスクラブ“エニタイムフィットネス”の日本におけるマスターフランチャイジーとしてフランチャイズシステムを運営
バルミューダ	東京都武蔵野市境南町 5-1-21	家電製品の企画・製造・販売
プレイド	東京都中央区銀座 6-10-1 GINZA SIX10 階	クラウド型 CX(顧客体験)プラットフォーム「KARTE」の提供
ビートレンド	東京都港区赤坂 2-22-24 泉赤坂ビル３	飲食店･小売店等を展開する企業向け顧客情報管理ツールである CRM ソフトウェアプラットフォーム「betrend」の提供・運営
リベルタ	東京都渋谷区桜丘町 26-1	美容商品、トイレタリー商品、機能衣料商品等の企画販売及び輸入腕時計日本総代理店業務

かっこ	東京都港区元赤坂1-5-3	データサイエンスの技術とノウハウをもとに、アルゴリズム及びソフトウェアを開発・提供することで、企業の課題解決やチャレンジを支援する「SaaS型アルゴリズム提供事業」
ココペリ	東京都千代田区二番町 8-3 二番町大沼ビル4階	中小企業向け経営支援プラットフォーム「Big Advance」及びAIモジュール「FAI」の開発・提供等
インバウンドテック	東京都新宿区新宿2-3-13 大橋ビル	24時間365日・多言語対応コンタクトセンター運営事業、セールスアウトソーシング事業
いつも	東京都千代田区有楽町1-12-1	EC総合支援
ポピンズホールディングス	東京都渋谷区広尾5-6-6	ベビーシッター派遣等を中心とした在宅サービス事業及び保育・学童施設等の運営を行うエデュケア事業等
ヤプリ	東京都港区六本木3-2-1 住友不動産六本木グランドタワー41階	スマホアプリの開発・運用・分析をノーコード(プログラミング不要)で提供するアプリプラットフォーム「Yappli」の運営
ウェルスナビ	東京都渋谷区渋谷2-22-3	資産運用を全自動化したロボアドバイザーの開発・提供
Kaizen Platform	東京都港区白金1-27-6	Webサイトの UI/UX 改善サービスの提供及び広告/営業/販促動画制作支援により、企業の顧客体験のデジタルトランスフォーメーションを推進
ENECHANGE	東京都千代田区大手町2-6-2	消費者向けの電力・ガス切り替えプラットフォーム「エネチェンジ」等の運営を行うエネルギープラットフォーム事業、エネルギー会社等向けのクラウド型 DX サービス「EMAP(デジタルマーケティング支援SaaS)」及び「SMAP(スマートメーター活用SaaS)」等の提供を行うエネルギーデータ事業
交換できるくん	東京都渋谷区東1-26-20	インターネットを利用した住宅設備機器の販売

東京通信	東京都渋谷区恵比寿南 1-1-9 岩徳ビル９階	アプリ事業、広告代理事業、その他
アクシージア	東京都新宿区西新宿 6-3-1	化粧品及びサプリメント製造・販売事業
ＷＡＣＵＬ	東京都千代田区神田小川町 3-26-8-2 階	デジタルマーケティングの PDCA プラットフォーム「AI アナリスト・シリーズ」の提供、「DX コンサルティング」の提供、企業・学術機関との共同研究等により顧客企業のデジタルトランスフォーメーションを推進
アピリッツ	東京都渋谷区神宮前 6-27-8	各種 Web サービスシステムの受託開発それに伴うコンサルティング・アクセス解析・インフラ構築・保守・監視事業・及びオンラインゲームにかかる企画・開発・運営、人材派遣事業の運営
ｃｏｌｙ	東京都港区赤坂 4-2-6	モバイルオンラインゲームの企画・開発・運営事業等
ヒューマンクリエイションホールディングス	東京都千代田区霞が関 3-2-1	システムの開発・保守を行う技術者派遣に特化した人材派遣事業
ウイングアーク１ｓｔ	東京都港区六本木 3-2-1	企業の情報活用を促進するソフトウェアおよびクラウドサービスの提供
ココナラ	東京都渋谷区桜丘町 20-1	知識・スキル・経験を商品化して「EC のように売買できる」マッチングプラットフォーム
Ｓｈａｒｉｎｇ Ｉｎｎｏｖａｔｉｏｎｓ	東京都渋谷区恵比寿 4-20-3	システム開発ならびにクラウドインテグレーション
ベビーカレンダー	東京都渋谷区代々木 1-38-2	妊娠・出産・育児向けの情報メディア事業及び産婦人科向けの経営支援ソリューション等
ジーネクスト	東京都千代田区飯田橋 4-7-1	顧客対応ソフトウェア「Discoveriez」の開発及び提供
イー・ロジット	東京都千代田区神田練塀町 68	インターネット通販事業者の物流代行及び物流業務コンサルティング

ブロードマインド	東京都渋谷区恵比寿南 1-5-5	個人及び法人向けに保険代理店業、住宅ローン代理業、金融商品仲介業、宅地建物取引業に係るソリューションをワンストップで提供するフィナンシャルパートナー事業
スパイダープラス	東京都豊島区東池袋 1-12-5	建設業を主な対象とした建築図面・現場管理アプリ「SPIDERPLUS」の開発・販売
Appier Group	東京都港区愛宕 2-5-1	最先端の機械学習を活用したAI技術によって、マーケティングとセールスの領域において、企業の持つデータが真の価値を発揮することを可能にするAIプラットフォームの提供

出所：各社新規上場申請のための有価証券報告書（Ⅰの部)及び東京IPO「IPO情報『IPOスケジュール』」（http://www.tokyoipo.com/ipo/schedule.php）

表 10　神奈川県が本社所在地の企業

企業名	本社所在地	事業内容
ティアンドエス	神奈川県横浜市西区みなとみらい 3-6-3	大手企業及び半導体工場向けシステム開発・運用保守・インフラ構築、AI 関連のソフトウェア開発
グローバルインフォメーション	神奈川県川崎市麻生区万福寺 1-2-3 アーシスビル 7 階	市場・技術動向調査レポートの販売、年間契約型情報サービスの販売、市場・技術動向調査の受託、国際会議・展示会の販売
QD レーザ	神奈川県川崎市川崎区南渡田町 1-1	半導体レーザ、網膜走査型レーザアイウェアおよびそれらの応用製品の開発・製造・販売

出所：各社新規上場申請のための有価証券報告書（Ⅰの部)及び東京IPO「IPO情報『IPOスケジュール』」（http://www.tokyoipo.com/ipo/schedule.php）

表 11　東京・神奈川以外の首都圏が本社所在地の企業

企業名	本社所在地	事業内容
ＭＩＴホールディングス	千葉県千葉市美浜区中瀬 2-6-1	システムインテグレーションサービス(開発、運用保守、インフラ構築等)及びソリューションサービス(デジタルブック、CAD、顔認証等)

出所：各社新規上場申請のための有価証券報告書（Ｉの部)及び東京 IPO「IPO 情報『IPO スケジュール』」（http://www.tokyoipo.com/ipo/schedule.php）

表 12　大阪府が本社所在地の企業

企業名	本社所在地	事業内容
ウイルテック	大阪府大阪市淀川区東三国 4-3-1	製造請負・製造派遣事業、機電系・建設系技術者派遣事業、受託製造事業
コンピューターマネージメント	大阪府大阪市港区弁天 1-2-1	システムの受託開発等
木村工機	大阪府大阪市中央区上町 A 番 23 号	空調システム機器の開発・製造・販売
リグア	大阪府大阪市中央区淡路町 2-6-6　淡路町パークビル２号館	接骨院などの経営支援を行う接骨院ソリューション事業、保険代理店や金融商品仲介業を行う金融サービス事業
関通	大阪府東大阪市長田 1-8-13	主に E コマースを展開する顧客の配送センター業務を代行する「EC・通販物流支援サービス」等
日本インシュレーション	大阪府大阪市中央区南船場 1-18-17	耐火性能を有するゾノトライト系けい酸カルシウムを基材とする耐火・断熱材料の製造・販売・施工及びその他周辺工事の施工
ヴィス	大阪府大阪市北区梅田 3-4-5	オフィス空間の設計デザイン・施工を行うデザイナーズオフィス事業等
Ｉ－ｎｅ	大阪府大阪市北区中之島 6-1-21	ヘアケア製品、美容家電、化粧品及び健康食品関連のファブレスメーカー
ダイレクトマーケティングミックス	大阪府大阪市北区曽根崎 1-2-9	ダイレクトマーケティングを通じた営業ソリューションサービスの提供
アースインフィニティ	大阪府大阪市北区堂島浜 2-2-28	小売電気事業、ガス小売事業、電子機器の製造・販売・卸業

ファンペップ	大阪府茨木市彩都あさぎ 7-7-18　303 号	機能性ペプチドを用いた医薬品等の研究開発事業
ＳＡＮＥＩ	大阪府大阪市東成区玉津 1-12-29	給排水器具等の製造販売
クリングルファーマ	大阪府茨木市彩都あさぎ 7-7-15 彩都バイオインキュベータ 207	HGF(肝細胞増殖因子)タンパク質を用いた難治性疾患の治療薬の研究開発
オンデック	大阪府大阪市中央区久太郎町 1-9-28　松浦堺筋本町ビル 2 階	M&A に関する仲介、アドバイザリー業務
ｉ－ｐｌｕｇ	大阪府大阪市淀川区西中島 5-11-8	新卒ダイレクトリクルーティングサービス「OfferBox」の運営

出所：各社新規上場申請のための有価証券報告書（Ｉの部)及び東京 IPO「IPO 情報『IPO スケジュール』」(http://www.tokyoipo.com/ipo/schedule.php)

表 13　京都府が本社所在地の企業

企業名	本社所在地	事業内容
Ｔ．Ｓ．Ｉ	京都府京都市西京区桂南巽町 75-4	サービス付き高齢者向け住宅の建築及び介護サービスの提供

出所：各社新規上場申請のための有価証券報告書（Ｉの部)及び東京 IPO「IPO 情報『IPO スケジュール』」(http://www.tokyoipo.com/ipo/schedule.php)

表 14　大阪・京都以外の関西圏が本社所在地の企業

企業名	本社所在地	事業内容
オーケーエム	滋賀県蒲生郡日野町大字大谷 446-1	バルブ製造販売事業

出所：各社新規上場申請のための有価証券報告書（Ｉの部)及び東京 IPO「IPO 情報『IPO スケジュール』」(http://www.tokyoipo.com/ipo/schedule.php)

表 15　愛知県が本社所在地の企業

企業名	本社所在地	事業内容
スタメン	愛知県名古屋市中村区井深町 1-1	エンゲージメント経営プラットフォーム「TUNAG」の開発及び提供等

アールプランナー	愛知県名古屋市東区東桜1-13-3	戸建住宅事業、その他不動産事業

出所：各社新規上場申請のための有価証券報告書（Ⅰの部)及び東京IPO「IPO情報『IPOスケジュール』」（http://www.tokyoipo.com/ipo/schedule.php）

表16　福岡県が本社所在地の企業

企業名	本社所在地	事業内容
アイキューブドシステムズ	福岡県福岡市中央区天神4-1-37	法人向けモバイルデバイス管理サービスの提供
室町ケミカル	福岡県大牟田市新勝立町1-38-5	医薬品の製造・販売、健康食品の企画・製造・販売、イオン交換樹脂の販売・加工

出所：各社新規上場申請のための有価証券報告書（Ⅰの部)及び東京IPO「IPO情報『IPOスケジュール』」（http://www.tokyoipo.com/ipo/schedule.php）

表17　その他の都道府県が本社所在地の企業

企業名	本社所在地	事業内容
リビングプラットフォーム	北海道札幌市中央区南二条西20-291	介護事業、保育事業、障がい者支援事業
松屋アールアンドディ	福井県大野市鍬掛第20号1-2	自動車安全装置縫合システムの開発・製造・販売、レーザー裁断機の開発・製造・販売、血圧計腕帯の製造、カーシートカバーの生産等
シキノハイテック	富山県魚津市吉島829	半導体検査装置の開発・製造、LSIの設計及びIPコアの開発、カメラモジュール及び画像処理システムの開発・製造
雪国まいたけ	新潟県南魚沼市余川89番地	まいたけ、エリンギ、ぶなしめじ等の生産販売及びきのこの加工食品の製造販売
ビーイングホールディングス	石川県金沢市専光寺町レ3-18	生活物資に特化した物流事業(主に自社及び顧客の物流センターの輸送・保管・包装・荷役・流通加工・情報システムの構築を一貫して手掛ける3PL事業、物流コンサルティング)、その他(旅客事業等)
ローランド	静岡県浜松市北区細江町中川2036-1	電子機器、電子機器およびそのソフトウェアの製造販売ならびに輸出入

東和ハイシステム	岡山県岡山市北区野田 3-12-33	歯科医院向け統合システム(電子カルテ・レセプト・各種アプリケーション等)の開発・販売
日本情報クリエイト	宮崎県都城市上町 13 街区 18 号	不動産業者向けソフトウエア・サービスの提供

出所：各社新規上場申請のための有価証券報告書（Ⅰの部)及び東京 IPO「IPO 情報『IPO スケジュール』」（http://www.tokyoipo.com/ipo/schedule.php）

第3節　新規上場時の資金吸収額

本節の表19～表26では新規上場時の資金吸収額が小さい順に表記している。

表18　新規上場時の資金吸収額と企業数

新規上場時の資金吸収額	会社数（社）
1億円以内	0
1億円超3億円以内	4
3億円超5億円以内	8
5億円超10億円以内	28
10億円超30億円以内	40
30億円超50億円以内	9
50億円超100億円以内	10
100億円超300億円以内	11
300億円超	3

出所：各社新規上場申請のための有価証券報告書（Ⅰの部)及び東京IPO「IPO情報『IPOスケジュール』」
（http://www.tokyoipo.com/ipo/schedule.php）

表19　新規上場時の資金吸収額が1億円超3億円以内の企業

企業名	資金吸収額(円)	市場	上場に要した期間（カ月）	事業内容
Branding Engineer	213,738,000	マザーズ	81	企業に対してエンジニアリソースの提供を行うMidworks事業、メディア事業及びプログラミングスクール運営等
タスキ	231,150,000	マザーズ	86	新築投資用IoTレジデンスの企画、開発、販売及びコンサルティング等

ENECHANGE	262,200,000	マザーズ	67	消費者向けの電力・ガス切り替えプラットフォーム「エネチェンジ」等の運営を行うエネルギープラットフォーム事業、エネルギー会社等向けのクラウド型 DX サービス「EMAP(デジタルマーケティング支援 SaaS)」及び「SMAP(スマートメーター活用 SaaS)」等の提供を行うエネルギーデータ事業
ヘッドウォーターース	276,000,000	マザーズ	178	AI ソリューション事業(企業の経営課題を IT や AI のシステム開発を通して解決するソリューション事業を提供)

出所：各社新規上場申請のための有価証券報告書（Ⅰの部)及び東京 IPO「IPO 情報『IPO スケジュール』」(http://www.tokyoipo.com/ipo/schedule.php)

表 20　新規上場時の資金吸収額が 3 億円超 5 億円以内の企業

企業名	資金吸収額(円)	市場	上場に要した期間(カ月)	事業内容
サイバーセキュリティクラウド	315,000,000	マザーズ	115	AI 技術を活用したサイバーセキュリティサービスの開発・提供
ニッソウ	323,250,000	セントレックス	378	不動産物件のリフォーム工事

アピリッツ	325,680,000	JASDAQ スタンダード	247	各種 Web サービスシステムの受託開発それに伴うコンサルティング・アクセス解析・インフラ構築・保守・監視事業・及びオンラインゲームにかかる企画・開発・運営、人材派遣事業の運営
フィーチャ	346,840,000	マザーズ	178	画像認識ソフトウェアの開発
ＭＩＴホールディングス	379,500,000	JASDAQ スタンダード	131	システムインテグレーションサービス(開発、運用保守、インフラ構築等)及びソリューションサービス(デジタルブック、CAD、顔認証等)
アディッシュ	412,050,000	マザーズ	65	ソーシャルアプリ向けサポート、ソーシャルリスク投稿モニタリングやネットいじめ対策などのカスタマーリレーション事業
エブレン	418,905,000	JASDAQ スタンダード	560	産業用電子機器・工業用コンピュータの設計・製造・販売
関通	478,975,000	マザーズ	406	主に E コマースを展開する顧客の配送センター業務を代行する「EC・通販物流支援サービス」等

出所：各社新規上場申請のための有価証券報告書（Ｉの部)及び東京 IPO「IPO 情報『IPO スケジュール』」
（http://www.tokyoipo.com/ipo/schedule.php）

表 21　新規上場時の資金吸収額が 5 億円超 10 億円以内の企業

企業名	資金吸収額(円)	市場	上場に要した期間（カ月）	事業内容
グッドパッチ	523,503,000	マザーズ	105	UI/UX デザイン支援事業
ビートレンド	529,480,000	マザーズ	249	飲食店・小売店等を展開する企業向け顧客情報管理ツールである CRM ソフトウェアプラットフォーム「betrend」の提供・運営
アイキューブドシステムズ	538,200,000	マザーズ	225	法人向けモバイルデバイス管理サービスの提供
シキノハイテック	548,730,000	JASDAQ スタンダード	553	半導体検査装置の開発・製造、LSI の設計及び IP コアの開発、カメラモジュール及び画像処理システムの開発・製造
まぐまぐ	550,800,000	JASDAQ スタンダード	260	コンテンツ配信プラットフォームの運営を行うプラットフォーム事業、Web メディアの運営等を行うメディア広告事業、クリエイター活動の支援を行うその他事業
ニューラルポケット	567,720,000	マザーズ	30	AI エンジニアリング事業（独自開発のアルゴリズムによる画像・動画解析技術とエッジコンピューティング技術の活用によるソリューション提供）

かっこ	580,750,000	マザーズ	118	データサイエンスの技術とノウハウをもとに、アルゴリズム及びソフトウェアを開発・提供することで、企業の課題解決やチャレンジを支援する「SaaS型アルゴリズム提供事業」
アクシス	637,399,000	マザーズ	351	業務アプリケーションの設計開発・運用保守、インフラシステムの設計構築・運用保守の提供及びクラウドサービスの提供
松屋アールアンドディ	651,924,000	マザーズ	451	自動車安全装置縫合システムの開発・製造・販売、レーザー裁断機の開発・製造・販売、血圧計腕帯の製造、カーシートカバーの生産等
クリングルファーマ	667,000,000	マザーズ	228	HGF(肝細胞増殖因子)タンパク質を用いた難治性疾患の治療薬の研究開発
リグア	672,750,000	マザーズ	185	接骨院などの経営支援を行う接骨院ソリューション事業、保険代理店や金融商品仲介業を行う金融サービス事業
アースインフィニティ	693,243,000	JASDAQスタンダード	218	小売電気事業、ガス小売事業、電子機器の製造・販売・卸業
グローバルインフォメーション	695,750,000	JASDAQスタンダード	311	市場・技術動向調査レポートの販売、年間契約型情報サービスの販売、市場・技術動向調査の受託、国際会議・展示会の販売

ティアンドエス	775,600,000	マザーズ	45	大手企業及び半導体工場向けシステム開発・運用保守・インフラ構築、AI関連のソフトウェア開発
カラダノート	775,710,000	マザーズ	142	妊娠育児ママ層向けのアプリ提供及び家族向けサービスを展開する企業へのプロモーション支援事業
ジーネクスト	787,077,000	マザーズ	236	顧客対応ソフトウェア「Discoveriez」の開発及び提供
ベビーカレンダー	796,740,000	マザーズ	359	妊娠・出産・育児向けの情報メディア事業及び産婦人科向けの経営支援ソリューション等
交換できるくん	825,125,000	マザーズ	265	インターネットを利用した住宅設備機器の販売
ブロードマインド	838,350,000	マザーズ	230	個人及び法人向けに保険代理店業、住宅ローン代理業、金融商品仲介業、宅地建物取引業に係るソリューションをワンストップで提供するフィナンシャルパートナー事業
WACUL	843,465,000	マザーズ	124	デジタルマーケティングのPDCAプラットフォーム「AIアナリスト・シリーズ」の提供、「DXコンサルティング」の提供、企業・学術機関との共同研究等により顧客企業のデジタルトランスフォーメーションを推進

ゼネテック	862,580,000	JASDAQ スタンダード	416	組込みソフトウェア及びハードウェアのシステム受託開発、製造業を中心とするエンジニアリングソリューションの提供
ＫＩＹＯラーニング	899,760,000	マザーズ	126	個人向けオンライン資格講座及び法人向け社員教育クラウドサービスの提供
Ｔ．Ｓ．Ｉ	920,000,000	マザーズ	133	サービス付き高齢者向け住宅の建築及び介護サービスの提供
ミクリード	953,902,000	マザーズ	87	飲食店向け業務用食材等の企画・販売
木村工機	960,000,000	東証２部	871	空調システム機器の開発・製造・販売
ジオコード	963,125,000	JASDAQ スタンダード	174	Web マーケティング事業及びクラウド事業(業務支援ツール 「ネクスト SFA」、「ネクスト IC カード」の開発・提供)
オンデック	980,375,000	マザーズ	156	M&A に関する仲介、アドバイザリー業務
コマースＯｎｅホールディングス	982,560,000	マザーズ	166	EC プラットフォーム関連事業

出所：各社新規上場申請のための有価証券報告書（Ｉの部)及び東京 IPO「IPO 情報『IPO スケジュール』」

（http://www.tokyoipo.com/ipo/schedule.php）

表22　新規上場時の資金吸収額が10億円超30億円以内の企業

企業名	資金吸収額(円)	市場	上場に要した期間（カ月）	事業内容
アールプランナー	1,016,600,000	マザーズ	208	戸建住宅事業、その他不動産事業
東和ハイシステム	1,058,000,000	JASDAQスタンダード	513	歯科医院向け統合システム(電子カルテ・レセプト・各種アプリケーション等)の開発・販売
インターファクトリー	1,066,464,000	マザーズ	205	クラウド型ECプラットフォーム構築事業
トヨクモ	1,100,000,000	マザーズ	121	法人向けクラウドサービス事業(安否確認サービス及び kintone 連携サービスの開発・販売)
日本インシュレーション	1,135,050,000	東証2部	854	耐火性能を有するゾノトライト系けい酸カルシウムを基材とする耐火・断熱材料の製造・販売・施工及びその他周辺工事の施工
リベルタ	1,145,400,000	JASDAQスタンダード	286	美容商品、トイレタリー商品、機能衣料商品等の企画販売及び輸入腕時計日本総代理店業務
コンピューターマネージメント	1,159,950,000	JASDAQスタンダード	459	システムの受託開発等
SANEI	1,163,800,000	東証2部	720	給排水器具等の製造販売
アララ	1,276,800,000	マザーズ	171	キャッシュレスサービス事業、メッセージングサービス事業、データセキュリティサービス事業等
リビングプラットフォーム	1,304,940,000	マザーズ	104	介護事業、保育事業、障がい者支援事業

ＧＭＯフィナンシャルゲート	1,310,894,000	マザーズ	250	クレジットカード、デビットカード、電子マネー、ポイント等による対面型決済を行う決済端末の提供及び決済処理サービス
グラフィコ	1,316,980,000	JASDAQ スタンダード	286	健康食品・化粧品・日用雑貨・医薬品等の企画製造販売
インバウンドテック	1,351,470,000	マザーズ	68	24 時間 365 日・多言語対応コンタクトセンター運営事業、セールスアウトソーシング事業
室町ケミカル	1,386,210,000	JASDAQ スタンダード	883	医薬品の製造・販売、健康食品の企画・製造・販売、イオン交換樹脂の販売・加工
ＡＨＣグループ	1,416,800,000	マザーズ	121	障害福祉事業(放課後等デイサービス、就労継続支援B 型、共同生活援助事業所の運営等)、介護事業(通所介護事業所の運営等)、外食事業等
コパ・コーポレーション	1,426,000,000	マザーズ	260	実演販売を利用した商品卸売業
東京通信	1,437,500,000	マザーズ	67	アプリ事業、広告代理事業、その他
ジモティー	1,461,300,000	マザーズ	107	クラシファイドサイト「ジモティー」の企画・開発・運営
ｉ－ｐｌｕｇ	1,541,346,000	マザーズ	107	新卒ダイレクトリクルーティングサービス「OfferBox」の運営
イー・ロジット	1,573,200,000	JASDAQ スタンダード	253	インターネット通販事業者の物流代行及び物流業務コンサルティング

ミアヘルサ	1,607,700,000	JASDAQ スタンダード	426	調剤薬局、保育園、介護事業所の運営
スタメン	1,619,200,000	マザーズ	58	エンゲージメント経営プラットフォーム「TUNAG」の開発及び提供等
フォースタートアップス	1,628,400,000	マザーズ	42	スタートアップ企業を対象とした人材支援サービス及びオープンイノベーションサポート等を中心とした成長産業支援事業
ビーイングホールディングス	1,731,900,000	東証２部	410	生活物資に特化した物流事業(主に自社及び顧客の物流センターの輸送・保管・包装・荷役・流通加工・情報システムの構築を一貫して手掛ける3PL事業、物流コンサルティング)、その他(旅客事業等)
NexTone	1,809,650,000	マザーズ	234	著作権等管理事業、デジタルコンテンツディストリビューション事業、キャスティング・コンサルティング事業等
さくらさくプラス	1,815,070,000	マザーズ	38	認可保育所を中心とした保育所等の運営
ヴィス	1,838,850,000	マザーズ	254	オフィス空間の設計デザイン・施工を行うデザイナーズオフィス事業等
オーケーエム	1,847,690,000	東証２部	702	バルブ製造販売事業
rakumo	1,906,125,000	マザーズ	189	企業向けクラウド型グループウェア製品「rakumo」の開発・販売等

ココペリ	1,991,520,000	マザーズ	162	中小企業向け経営支援プラットフォーム「Big Advance」及び AI モジュール「FAI」の開発・提供等
ファンペップ	2,047,890,000	マザーズ	86	機能性ペプチドを用いた医薬品等の研究開発事業
Kids Smile Holdings	2,079,200,000	マザーズ	23	東京都、神奈川県、愛知県における認可保育所及び認可外保育施設の運営、ならびに幼児教育に関する事業
カーブスホールディングス	2,082,750,000	東証１部	136	女性向けフィットネス施設「カーブス」の運営等
Ｍａｃｂｅｅ Ｐｌａｎｅｔ	2,111,820,000	マザーズ	55	データを活用したマーケティング分析サービスの提供
ドラフト	2,144,060,000	マザーズ	143	空間(オフィス、商業施設、都市開発、環境設計、その他)の企画デザイン・設計・施工
コーユーレンティア	2,173,500,000	JASDAQ スタンダード	592	家具、什器・備品(FF&E)、OA 機器のレンタル及び付帯するサービス等
日本情報クリエイト	2,227,550,000	マザーズ	311	不動産業者向けソフトウエア・サービスの提供
ウイルテック	2,467,920,000	東証２部	335	製造請負・製造派遣事業、機電系・建設系技術者派遣事業、受託製造事業
いつも	2,479,400,000	マザーズ	166	EC 総合支援
ＳＴＩフードホールディングス	2,841,450,000	東証２部	33	水産原料素材の調達から製造・販売までを一貫して行う食品製品販売事業

出所：各社新規上場申請のための有価証券報告書（Ⅰの部)及び東京 IPO「IPO 情報『IPO スケジュール』」(http://www.tokyoipo.com/ipo/schedule.php)

表 23　新規上場時の資金吸収額が 30 億円超 50 億円以内の企業

企業名	資金吸収額(円)	市場	上場に要した期間（カ月）	事業内容
Sharing Innovations	3,023,280,000	マザーズ	153	システム開発ならびにクラウドインテグレーション
バルミューダ	3,184,886,000	マザーズ	212	家電製品の企画・製造・販売
Speee	3,231,072,000	JASDAQ スタンダード	151	データ資産を利活用したマーケティング活動を支援する MarTech 事業及び消費者と事業者を繋ぐプラットフォームサービスを提供しリアル産業のデジタルシフトを促進する X-Tech 事業の運営等
Sun Asterisk	3,381,000,000	マザーズ	88	産業のデジタライゼーションを推進するデジタル・クリエイティブスタジオ事業
モダリス	3,726,000,000	マザーズ	54	コアとなるプラットフォーム技術である『切らない CRISPR 技術 (CRISPR-GNDM 技術)』を用いた遺伝子治療薬の研究開発
ビザスク	3,831,000,000	マザーズ	95	ビジネス分野に特化したナレッジシェアリングプラットフォームの運営
ヒューマンクリエイションホールディングス	3,857,340,000	マザーズ	53	システムの開発・保守を行う技術者派遣に特化した人材派遣事業

Fast Fitness Japan	4,657,500,000	マザーズ	126	24 時間型フィットネスクラブ”エニタイムフィットネス”の日本におけるマスターフランチャイジーとしてフランチャイズシステムを運営
きずなホールディングス	4,661,344,000	マザーズ	33	葬儀施行及び葬儀付帯業務を提供する葬儀施行業等

出所：各社新規上場申請のための有価証券報告書（Ⅰの部)及び東京 IPO「IPO 情報『IPO スケジュール』」（http://www.tokyoipo.com/ipo/schedule.php）

表 24　新規上場時の資金吸収額が 50 億円超 100 億円以内の企業

企業名	資金吸収額(円)	市場	上場に要した期間（カ月）	事業内容
ロコガイド	5,181,400,000	マザーズ	47	チラシ・買い物情報サービス「トクバイ」の運営
QD レーザ	5,301,722,000	マザーズ	177	半導体レーザ、網膜走査型レーザアイウェアおよびそれらの応用製品の開発・製造・販売
リバーホールディングス	5,324,352,000	東証２部	152	資源リサイクル事業
クリーマ	5,971,539,000	マザーズ	140	ハンドメイドマーケットプレイス「Creema」の運営、及びクリエイターのエンパワーメントを目的とする各種サービスの提供

バリオセキュア	6,119,325,000	東証２部	62	ネットワークセキュリティ機器と独自監視システムによる運用、監視、サポートサービスの提供。ネットワークセキュリティ機器販売、ならびにネットワーク機器の調達、構築によるインテグレーションサービスの提供
ｃｏｌｙ	6,297,837,000	マザーズ	84	モバイルオンラインゲームの企画・開発・運営事業等
Retty	6,538,734,000	マザーズ	119	グルメプラットフォーム「Retty」の運営等
Kaizen Platform	6,624,690,000	マザーズ	44	Web サイトの UI/UX 改善サービスの提供及び広告/営業/販促動画制作支援により、企業の顧客体験のデジタルトランスフォーメーションを推進
Ｉ－ｎｅ	7,118,937,000	マザーズ	161	ヘアケア製品、美容家電、化粧品及び健康食品関連のファブレスメーカー
日通システム	8,625,000,000	マザーズ	474	統合 HRM ソリューションの開発・販売・サポートまでの一貫したソリューションサービスの提供

出所：各社新規上場申請のための有価証券報告書（Ｉの部)及び東京 IPO「IPO 情報『IPO スケジュール』」

（http://www.tokyoipo.com/ipo/schedule.php）

表 25　新規上場時の資金吸収額が 100 億円超 300 億円以内の企業

企業名	資金吸収額(円)	市場	上場に要した期間（カ月）	事業内容
スパイダープラス	10,198,604,000	マザーズ	253	建設業を主な対象とした建築図面・現場管理アプリ「SPIDERPLUS」の開発・販売
ポピンズホールディングス	10,651,875,000	東証１部	50	ベビーシッター派遣等を中心とした在宅サービス事業及び保育・学童施設等の運営を行うエデュケア事業等
アクシージア	11,005,500,000	マザーズ	109	化粧品及びサプリメント製造・販売事業
プレミアアンチエイジング	11,188,350,000	マザーズ	130	基礎化粧品の製造及び販売
フォーラムエンジニアリング	13,556,404,000	東証１部	466	エンジニア人材の派遣事業・紹介事業
ココナラ	16,687,080,000	マザーズ	110	知識・スキル・経験を商品化して「EC のように売買できる」マッチングプラットフォーム
ヤプリ	17,607,520,000	マザーズ	94	スマホアプリの開発・運用・分析をノーコード(プログラミング不要)で提供するアプリプラットフォーム「Yappli」の運営
ウイングアーク１ｓｔ	19,445,382,000	東証１部	60	企業の情報活用を促進するソフトウェアおよびクラウドサービスの提供
ウェルスナビ	19,726,755,000	マザーズ	67	資産運用を全自動化したロボアドバイザーの開発・提供

プレイド	24,088,000,000	マザーズ	110	クラウド型 CX(顧客体験)プラットフォーム「KARTE」の提供
ダイレクトマーケティングミックス	24,361,290,000	東証1部	38	ダイレクトマーケティングを通じた営業ソリューションサービスの提供

出所：各社新規上場申請のための有価証券報告書（Iの部)及び東京 IPO「IPO 情報『IPO スケジュール』」（http://www.tokyoipo.com/ipo/schedule.php）

表 26　新規上場時の資金吸収額が 300 億円超の企業

企業名	資金吸収額(円)	市場	上場に要した期間（カ月）	事業内容
Appier Group	31,387,040,000	マザーズ	35	最先端の機械学習を活用したAI技術によって、マーケティングとセールスの領域において、企業の持つデータが真の価値を発揮することを可能にするAI プラットフォームの提供
ローランド	38,116,050,000	東証1部	583	電子機器、電子機器およびそのソフトウェアの製造販売ならびに輸出入
雪国まいたけ	44,711,700,000	東証1部	38	まいたけ、エリンギ、ぶなしめじ等の生産販売及びきのこの加工食品の製造販売

出所：各社新規上場申請のための有価証券報告書（Iの部)及び東京 IPO「IPO 情報『IPO スケジュール』」（http://www.tokyoipo.com/ipo/schedule.php）

第4節　新規上場時の役員年齢

本節の表記では、常務監査役又は監査役である取締役は除いていることを付記する。

表 27　新規上場時の代表取締役年齢と人数

新規上場時年齢	人数（人）	新規上場時年齢	人数（人）
20歳から24歳	0	60歳から64歳	5
25歳から29歳	1	65歳から69歳	5
30歳から34歳	6	70歳から74歳	6
35歳から39歳	13	75歳から79歳	3
40歳から44歳	19	80歳から84歳	0
45歳から49歳	15	85歳から89歳	1
50歳から54歳	22	90歳以上	0
55歳から59歳	17		

出所：各社新規上場申請のための有価証券報告書（Ⅰの部)及び東京IPO「IPO情報『IPOスケジュール』」
(http://www.tokyoipo.com/ipo/schedule.php)

表 28　新規上場時の役員年齢

企業名	氏名	役職	上場時の年齢（歳）	生年月日
コーユーレンティア	梅木 孝治	代表取締役 社長	54	1965年7月1日
コーユーレンティア	寺澤 重治	取締役 常務執行役員 営業部門担当 営業推進部長法人営業部長 19-20プロジェクト推進室統括責任者	51	1968年9月22日
コーユーレンティア	小倉 隆男	取締役 執行役員管理部門担当、法務部長、上場準備室担当	54	1965年12月8日
コーユーレンティア	梅木 健行	取締役	50	1969年2月9日
コーユーレンティア	長田 朋久	取締役	54	1965年10月14日

コーユーレンティア	藤村 啓	社外 取締役	74	1945年3月30日
ジモティー	加藤 貴博	代表取締役 社長	41	1978年10月2日
ジモティー	片山 翔	代表取締役	34	1985年12月14日
ジモティー	岩崎 優一	取締役 コーポレートグループマネージャー	48	1971年10月25日
ジモティー	伊藤 邦宏	社外 取締役	47	1972年7月20日
ジモティー	野内 敦	社外 取締役	52	1967年12月21日
ＡＨＣグループ	荒木 喜貴	代表取締役	44	1975年5月19日
ＡＨＣグループ	土山 茂太	取締役 管理本部長	46	1973年7月1日
ＡＨＣグループ	吉元 幸次郎	取締役 介護本部長	42	1977年9月22日
ＡＨＣグループ	濱田 友則	取締役 福祉本部長	43	1976年9月8日
ＡＨＣグループ	寺部 達朗	社外 取締役	47	1972年3月15日
カーブスホールディングス	増本 岳	代表取締役 社長	55	1964年6月16日
カーブスホールディングス	坂本 眞樹	取締役	53	1967年1月20日
カーブスホールディングス	増本 陽子	取締役	46	1973年3月13日
カーブスホールディングス	松田 信也	取締役 管理本部長	64	1955年11月27日
カーブスホールディングス	腰髙 修	取締役	55	1964年8月4日
Kids Smile Holdings	中西 正文	代表取締役 社長	49	1970年9月6日
Kids Smile Holdings	土居 亜由美	取締役 副社長	42	1977年7月19日
Kids Smile Holdings	田上 節朗	専務取締役	64	1955年8月6日
Kids Smile Holdings	井上 雄介	取締役	38	1981年6月12日
Kids Smile Holdings	徳光 悠太	社外 取締役	31	1988年5月13日

きずなホールディングス	中道 康彰	代表取締役社長兼グループ CEO	53	1967年2月2日
きずなホールディングス	関本 彰大	取締役兼 CFO	55	1964年9月6日
きずなホールディングス	岡崎 仁美	取締役兼 CSO	49	1971年1月30日
きずなホールディングス	村上 大輔	社外 取締役	45	1974年9月11日
きずなホールディングス	松本 大輔	社外 取締役	46	1974年3月4日
ウイルテック	宮城 力	代表取締役 社長	42	1977年9月17日
ウイルテック	小倉 秀司	取締役 会長	57	1962年10月21日
ウイルテック	野地 恭雄	常務取締役 マニュファクチャリング事業本部長	47	1972年3月14日
ウイルテック	西 隆弦	取締役 カスタマーサービス事業本部長	49	1971年2月9日
ウイルテック	渡邊 剛	取締役 管理本部長	47	1973年2月12日
ウイルテック	石井 秀暁	取締役 エンジニアリング事業本部長	47	1972年12月2日
フォーラムエンジニアリング	佐藤　勉	代表取締役 社長	56	1964年1月19日
フォーラムエンジニアリング	竹内 政博	常務取締役 FE ICT 戦略部ゼネラルマネージャー	51	1968年4月10日
フォーラムエンジニアリング	細野 恭史	常務取締役	53	1966年12月10日
フォーラムエンジニアリング	石毛 勇治	取締役	53	1966年11月3日
フォーラムエンジニアリング	宇野 敏弘	取締役	60	1959年9月14日
フォーラムエンジニアリング	二宮 久	取締役 内部監査室ゼネラルマネージャー	60	1960年2月7日

フォーラムエンジニアリング	小泉 雅裕	取締役 FE 東日本事業部ゼネラマネージャー	49	1970 年 7 月 12 日
フォーラムエンジニアリング	水上 浩司	社外 取締役	67	1952 年 12 月 22 日
フォーラムエンジニアリング	梅本 龍夫	社外 取締役	63	1956 年 9 月 14 日
ビザスク	端羽 英子	代表取締役 社長 CEO	41	1978 年 7 月 11 日
ビザスク	花村 創史	取締役 CTO	38	1981 年 4 月 15 日
ビザスク	瓜生 英敏	取締役 COO	44	1975 年 3 月 28 日
ビザスク	安岡 徹	取締役 CFO	44	1976 年 2 月 23 日
ビザスク	堅田 航平	社外 取締役	43	1976 年 6 月 14 日
コンピューターマネージメント	竹中 勝昭	代表取締役 社長	75	1944 年 10 月 4 日
コンピューターマネージメント	吉田 徹	取締役兼執行役員 管理部担当 技術統括部担当 経営企画室担当兼室長	61	1958 年 7 月 19 日
コンピューターマネージメント	辻下 知充	取締役兼執行役員 仙台営業所担当 ヒューマン・リソース調達室担当兼室長	59	1960 年 11 月 23 日
コンピューターマネージメント	常深 雅稔	取締役兼執行役員 西日本システム統括部担当兼部長 ERP システム部担当 第二営業部担当 四国営業所担当	64	1955 年 11 月 2 日
コンピューターマネージメント	竹中 英之	取締役兼執行役員 インフラシステム部担当兼部長	44	1975 年 9 月 6 日
コンピューターマネージメント	靍田 勉	取締役兼執行役員 東日本システム統括部担当兼部長 第一営業部担当	51	1969 年 1 月 12 日

コンピューターマネージメント	西 宏章	社外 取締役	53	1967年2月2日
フォースタートアップス	志水 雄一郎	代表取締役社長兼CEO	47	1972年6月27日
フォースタートアップス	菊池 烈	取締役兼コーポレート本部長	32	1987年5月10日
フォースタートアップス	垣田 有希子	取締役兼タレント エージェンシー本部長	35	1984年11月2日
フォースタートアップス	清水 和彦	取締役兼アクセラレーション本部長	37	1982年6月16日
フォースタートアップス	大原 茂	取締役	51	1968年8月27日
フォースタートアップス	齋藤 太郎	社外 取締役	47	1972年11月24日
木村工機	木村 惠一	代表取締役 執行役員	86	1933年12月3日
木村工機	木村 晃	専務取締役 執行役員管理本部長	58	1961年6月24日
木村工機	清水 直文	常務取締役 執行役員東京営業本部長	65	1955年2月18日
木村工機	大村 英人	常務取締役 執行役員営業推進本部長	55	1964年3月25日
木村工機	泉 晃	取締役 執行役員八尾製作所長	68	1951年9月28日
木村工機	登尾 公彦	取締役 執行役員大阪営業本部長	62	1957年6月20日
木村工機	西家 伸郎	社外 取締役	61	1958年5月10日
木村工機	佐藤 信孝	社外 取締役	69	1950年4月12日
リグア	川瀬 紀彦	代表取締役 社長	43	1976年5月6日
リグア	藤原 俊也	取締役副社長 事業開発室管掌	42	1977年9月19日
リグア	石本 導彦	取締役 副社長	49	1970年9月24日
リグア	梅木 智史	専務取締役 営業本部長兼マーケティング室長	42	1978年2月22日
リグア	大浦 徹也	取締役 管理部長	41	1978年6月2日

リグア	島 宏一	社外 取締役	62	1957年12月5日
リグア	村田 雅幸	社外 取締役	51	1969年2月14日
ミクリード	片山 礼子	代表取締役 社長	54	1965年3月17日
ミクリード	石井 文範	取締役	44	1975年9月22日
ミクリード	長島 忠則	取締役	42	1977年4月6日
ミクリード	西谷 浩司	社外 取締役	55	1964年6月13日
ミアヘルサ	青木 勇	代表取締役 社長	73	1946年3月21日
ミアヘルサ	青木 文恵	取締役 副社長（介護事業本部 海外事業担当）	68	1952年2月7日
ミアヘルサ	青木 茂	取締役 経営企画本部本部長	66	1953年11月18日
ミアヘルサ	佐藤 安紀子	取締役 医薬事業本部本部長	75	1944年7月17日
ミアヘルサ	関根 秀明	取締役 保育事業本部本部長	45	1974年4月3日
ミアヘルサ	齊藤 彰一	取締役 食品事業本部本部長	62	1957年12月4日
ミアヘルサ	高橋 雅彦	取締役 管理本部本部長	63	1957年1月29日
ミアヘルサ	河合 輝欣	社外 取締役	78	1941年10月20日
ミアヘルサ	梅津 興三	社外 取締役	79	1940年4月30日
リビングプラットフォーム	金子 洋文	代表取締役	42	1977年11月22日
リビングプラットフォーム	林 隆祐	取締役 経営企画部部長	44	1976年2月9日
リビングプラットフォーム	小林 伸也	取締役 運営部部長	61	1958年5月4日
リビングプラットフォーム	伊藤 浩太郎	取締役 管理部部長	37	1982年6月26日
リビングプラットフォーム	田中 宏明	社外 取締役	54	1965年4月21日
リビングプラットフォーム	河江 健史	社外 取締役	40	1979年4月2日
ドラフト	山下 泰樹	代表取締役 社長	39	1981年2月2日

ドラフト	長谷川 幸司	常務取締役	71	1948 年 10 月 29 日
ドラフト	荒浪 昌彦	取締役	50	1969 年 5 月 24 日
ドラフト	結城 大輔	社外 取締役	47	1972 年 7 月 7 日
ゼネテック	上野 憲二	代表取締役 社長エンジニアリングソリューション本部管掌・コダヨ事業部管掌	69	1950 年 8 月 1 日
ゼネテック	八戸 雅利	取締役 システム本部長	57	1963 年 2 月 6 日
ゼネテック	金井 登志雄	取締役 経営企画室・R&D センター管掌 管理本部管掌	49	1971 年 1 月 13 日
ゼネテック	大野 貴史	社外 取締役	50	1969 年 12 月 14 日
関通	達城 久裕	代表取締役 社長	59	1960 年 5 月 12 日
関通	朝倉 寛士	常務取締役 物流事業統括担当	46	1973 年 5 月 5 日
関通	松岡 正剛	常務取締役 営業本部 教育事業本部担当	42	1977 年 11 月 28 日
関通	達城 利卓	取締役 経営企画本部長	38	1982 年 2 月 23 日
関通	片山 忠司	取締役 管理本部長	49	1970 年 7 月 9 日
関通	古川 雄貴	取締役 首都圏物流事業本部長	38	1981 年 7 月 14 日
日本インシュレーション	吉井 智彦	代表取締役 社長	63	1956 年 7 月 6 日
日本インシュレーション	大橋 健一	代表取締役 会長	68	1951 年 7 月 27 日
日本インシュレーション	元岡 忠昭	常務取締役 管理本部長	65	1954 年 12 月 2 日
日本インシュレーション	三宅 節生	常務取締役 生産事業部長	61	1958 年 8 月 30 日
日本インシュレーション	川端 秀享	取締役 管理本部経理部長	66	1953 年 11 月 1 日
日本インシュレーション	小畑 健雄	取締役 管理本部総務部長	59	1960 年 6 月 21 日

日本インシュレーション	原田 文代	社外 取締役	51	1968年11月3日
日本インシュレーション	村中 俊哉	社外 取締役	60	1960年3月15日
日本インシュレーション	上田 保治	社外 取締役	68	1952年3月10日
リバーホールディングス	松岡 直人	代表取締役 社長 執行役員	70	1949年4月20日
リバーホールディングス	鈴木 孝雄	代表取締役 会長	78	1941年9月25日
リバーホールディングス	中田 光一	取締役 執行役員	56	1963年11月26日
リバーホールディングス	井上 利夫	社外 取締役	71	1948年4月22日
リバーホールディングス	戸田 博史	社外 取締役	68	1951年9月12日
ヴィス	中村 勇人	代表取締役 社長	59	1960年7月18日
ヴィス	大滝 仁実	常務取締役 クリエイティブ事業本部長 同事業本部第4事業部長	55	1964年10月24日
ヴィス	金谷 智浩	常務取締役 デザイナーズオフィス事業本部長 同事業本部CM 事業部長	43	1976年7月19日
ヴィス	矢原 裕一郎	取締役 管理本部長	53	1967年1月31日
ヴィス	浜本 亜実	社外 取締役	43	1976年9月25日
ヴィス	戸出 健次郎	社外 取締役	44	1976年1月15日
アディッシュ	江戸 浩樹	代表取締役	38	1982年1月18日
アディッシュ	杉之原 明子	取締役 管理本部管掌	33	1986年11月20日
アディッシュ	池谷 昌大	取締役 技術開発部 及びマーケティング部管掌	42	1977年5月14日

アディッシュ	石川 琢磨	取締役カスタマーソリューション事業部及びフロントサポート事業部管掌	47	1972 年 11 月 22 日
アディッシュ	吉川 敏広	取締役 オンラインコミュニティ事業部及びスクールガーディアン事業部管掌	52	1968 年 3 月 9 日
アディッシュ	谷井 等	社外 取締役	47	1972 年 6 月 2 日
サイバーセキュリティクラウド	大野 暉	代表取締役 社長	29	1990 年 6 月 19 日
サイバーセキュリティクラウド	渡辺 洋司	取締役 CTO 兼 Web セキュリティ事業部長	44	1975 年 8 月 19 日
サイバーセキュリティクラウド	倉田 雅史	取締役 管理部長	28	1991 年 8 月 30 日
サイバーセキュリティクラウド	伊倉 吉宣	社外 取締役	40	1979 年 5 月 8 日
ニッソウ	前田　浩	代表取締役 社長	58	1961 年 12 月 12 日
ニッソウ	高松 重之	取締役 副社長	65	1954 年 11 月 18 日
ニッソウ	木村 孝史	常務取締役 営業本部	53	1966 年 11 月 14 日
ニッソウ	森屋 吾郎	取締役 営業本部副部長兼第二営業部長	38	1981 年 12 月 31 日
ニッソウ	湯浅 一彦	取締役 営業本部副部長兼第一営業部長	34	1985 年 4 月 7 日
ニッソウ	北村 知之	取締役 管理部長	45	1974 年 6 月 17 日
ニッソウ	熊谷 征大	社外 取締役	34	1986 年 1 月 1 日
NexTone	阿南 雅浩	代表取締役 CEO コンプライアンス担当	57	1962 年 9 月 1 日
NexTone	荒川 祐二	代表取締役 COO 事業本部長	54	1965 年 4 月 14 日
NexTone	名越 禎二	常務取締役 営業本部長コンプライアンス委員	63	1956 年 5 月 29 日

NexTone	松村 晶司	常務取締役 経営管理本部長コンプライアンス委員長	64	1955 年 10 月 8 日
NexTone	髙橋 信彦	社外 取締役	67	1952 年 5 月 8 日
NexTone	升本 喜郎	社外 取締役	57	1962 年 6 月 18 日
Ｍａｃｂｅｅ Ｐｌａｎｅｔ	小嶋 雄介	代表取締役 社長	35	1984 年 10 月 25 日
Ｍａｃｂｅｅ Ｐｌａｎｅｔ	松本 将和	取締役 プロダクト本部長	39	1980 年 10 月 8 日
Ｍａｃｂｅｅ Ｐｌａｎｅｔ	浦矢 秀行	取締役 コンサルティング本部長	42	1978 年 3 月 3 日
Ｍａｃｂｅｅ Ｐｌａｎｅｔ	千葉 知裕	取締役 経営管理本部長	33	1986 年 7 月 11 日
Ｍａｃｂｅｅ Ｐｌａｎｅｔ	澤 博史	社外 取締役	51	1969 年 1 月 28 日
松屋アールアンドディ	後藤　秀隆	代表取締役 社長	70	1950 年 1 月 22 日
松屋アールアンドディ	中野 雅史	取締役 副社長	68	1952 年 2 月 10 日
松屋アールアンドディ	長谷川 克人	取締役 営業二部長	56	1964 年 4 月 5 日
松屋アールアンドディ	赤澤 勇	取締役 営業一部長	59	1960 年 8 月 7 日
松屋アールアンドディ	杉本 賢治	取締役 人事総務部長	57	1962 年 5 月 18 日
松屋アールアンドディ	松川 浩一	取締役 経理部長	37	1982 年 12 月 14 日
松屋アールアンドディ	佐々木 豊	社外 取締役	63	1956 年 9 月 29 日
コパ・コーポレーション	吉村 泰助	代表取締役 社長	51	1968 年 8 月 18 日
コパ・コーポレーション	松下 周平	取締役 営業本部長	40	1979 年 8 月 3 日
コパ・コーポレーション	馬場 洋和	取締役　管理本部長	45	1975 年 6 月 18 日

コパ・コーポレーション	柴田 順一	取締役	57	1963 年５月 14 日
コパ・コーポレーション	明歩谷 秀邦	社外 取締役	61	1959 年３月 25 日
ロコガイド	穐田 誉輝	代表取締役	51	1969 年４月 29 日
ロコガイド	沖本 裕一郎	取締役 経営管理本部長	43	1977 年５月 26 日
ロコガイド	前田 卓俊	取締役 技術本部長	29	1990 年７月１日
ロコガイド	片桐 優	取締役 コンテンツ・パートナー開発本部長	42	1977 年７月 20 日
ロコガイド	池田 拓司	取締役 ユーザーサービス本部長	41	1978 年７月 13 日
フィーチャ	脇 健一郎	代表取締役 社長 CEO	59	1960 年 12 月４日
フィーチャ	曹 暉	代表取締役 CTO	42	1977 年 12 月 30 日
フィーチャ	横田 和之	取締役 CFO	35	1985 年２月 14 日
フィーチャ	茂田井 純一	社外 取締役	46	1974 年３月 19 日
コマースＯｎｅホールディングス	岡本 高彰	代表取締役	51	1968 年８月 26 日
コマースＯｎｅホールディングス	田中 耕一	取締役兼管理本部長	62	1958 年３月 30 日
コマースＯｎｅホールディングス	星野 裕子	取締役	53	1967 年３月 12 日
コマースＯｎｅホールディングス	北川 輝信	取締役	45	1974 年８月 12 日
コマースＯｎｅホールディングス	伊藤 雄太	社外 取締役	42	1977 年９月 28 日
エブレン	上村 正人	代表取締役 社長	75	1944 年９月４日
エブレン	清水 旬	取締役 営業本部長	50	1969 年８月 27 日
エブレン	上村 和人	取締役 経営企画部長	49	1970 年 12 月 15 日
エブレン	田中 猛	取締役 管理部長	54	1966 年１月 20 日
エブレン	仲山 典邦	取締役 事業本部長	60	1960 年５月 25 日
エブレン	伊沢 雅夫	社外 取締役	68	1951 年 12 月１日
グッドパッチ	土屋 尚史	代表取締役 社長	36	1983 年８月３日

グッドパッチ	實方 ボリス	取締役	34	1985年12月1日
グッドパッチ	佐々木 智也	社外 取締役	47	1972年11月25日
グッドパッチ	山口 拓己	社外 取締役	46	1974年1月12日
Branding Engineer	河端 保志	代表取締役 CEO	30	1989年7月25日
Branding Engineer	髙原 克弥	代表取締役 COO	28	1991年7月15日
Branding Engineer	金沢 大輝	取締役 営業本部長兼 Midworks 事業部長兼 FCS 事業部長	31	1989年5月25日
Branding Engineer	谷邊 紘史	取締役 CFO コーポレートマネジメント本部長兼コーポレートマネジメント部長	36	1983年10月23日
Branding Engineer	長尾 卓	社外 取締役	37	1983年4月9日
Speee	大塚 英樹	代表取締役	34	1985年8月23日
Speee	久田 哲史	取締役 データプラットフォーム事業部長	35	1984年9月4日
Speee	渡邉 昌司	取締役 医療・ヘルスケア事業部長	39	1981年1月14日
Speee	西田 正孝	取締役 経営管理本部長	40	1979年7月30日
Speee	田口 政実	取締役 デジタルトランスフォーメーション事業本部長	48	1972年4月3日
Speee	長谷部 潤	社外 取締役	54	1965年11月9日
アイキューブドシステムズ	佐々木 勉	代表取締役社長兼 CEO	46	1973年8月4日
アイキューブドシステムズ	大淵 一正	取締役 情報システム戦略室長兼 CIO	43	1977年2月10日
アイキューブドシステムズ	有森 正和	取締役兼 CFO	63	1956年11月17日
アイキューブドシステムズ	市川 仁	取締役 製品開発運用本部長兼 CTO	42	1978年6月12日

アイキューブドシステムズ	林 正寿	取締役 営業本部長兼 CSO	47	1972 年 10 月 30 日
アイキューブドシステムズ	小玉 博和	取締役 カスタマーサクセス本部長兼 CQO	49	1970 年 10 月 24 日
アイキューブドシステムズ	蓑宮 武夫	社外 取締役	76	1944 年 1 月 18 日
アイキューブドシステムズ	内田 裕子	社外 取締役	51	1968 年 10 月 29 日
ＧＭＯフィナンシャルゲート	杉山 憲太郎	代表取締役 社長	41	1979 年 1 月 29 日
ＧＭＯフィナンシャルゲート	髙野 明	取締役 会長	69	1951 年 6 月 27 日
ＧＭＯフィナンシャルゲート	木村 泰彦	常務取締役 管理部長	57	1963 年 3 月 28 日
ＧＭＯフィナンシャルゲート	徳山 順也	取締役 システム部長	47	1973 年 3 月 22 日
ＧＭＯフィナンシャルゲート	青山 明生	取締役 営業部長	47	1972 年 7 月 19 日
ＧＭＯフィナンシャルゲート	吉岡 優	取締役	54	1965 年 8 月 8 日
ＧＭＯフィナンシャルゲート	嶋村 那生	社外 取締役	41	1978 年 11 月 26 日
ＫＩＹＯラーニング	綾部 貴淑	代表取締役 社長	48	1971 年 11 月 8 日
ＫＩＹＯラーニング	島田 慶生	取締役 スタディング事業部長	47	1973 年 7 月 9 日
ＫＩＹＯラーニング	秦野 元秀	取締役 管理部長	52	1967 年 9 月 13 日
ＫＩＹＯラーニング	髙尾 廣明	社外 取締役	70	1949 年 9 月 12 日
日本情報クリエイト	米津　健一	代表取締役 社長	57	1963 年 2 月 11 日
日本情報クリエイト	日髙　健	取締役 業務推進部長	44	1975 年 10 月 9 日
日本情報クリエイト	丸田 英明	取締役 開発部長	46	1974 年 2 月 25 日

日本情報クリエイト	新井 篤史	取締役 営業部長	48	1971年9月10日
日本情報クリエイト	瀬之口 直宏	取締役 管理部長	44	1976年4月20日
Sun Asterisk	小林 泰平	代表取締役	36	1983年11月17日
Sun Asterisk	平井 誠人	取締役	44	1976年1月24日
Sun Asterisk	服部 裕輔	取締役 BAO本部長	45	1975年4月14日
Sun Asterisk	梅田 琢也	取締役 BPO本部長	39	1981年3月24日
モダリス	森田 晴彦	代表取締役 社長	50	1969年8月9日
モダリス	濡木 理	社外 取締役	54	1965年10月22日
モダリス	竹田 英樹	社外 取締役	61	1958年9月25日
モダリス	ジョセフ・マクラッケン	社外 取締役	67	1953年4月24日
ティアンドエス	武川 義浩	代表取締役 執行役員社長	58	1961年8月12日
ティアンドエス	福田 悦生	取締役 執行役員システム事業本部長	59	1961年6月9日
ティアンドエス	木下 洋	取締役 執行役員業務本部長	52	1968年4月18日
ティアンドエス	遠藤 玲	取締役 執行役員財務経理部長	46	1974年5月12日
ティアンドエス	法眼 健作	社外 取締役	79	1941年8月2日
ティアンドエス	長谷川 智彦	社外 取締役	57	1962年11月24日
ニューラルポケット	重松 路威	代表取締役 社長	39	1980年8月23日
ニューラルポケット	佐々木 雄一	取締役 最高技術責任者 CTO 研究開発部長	34	1986年6月23日
ニューラルポケット	染原 友博	取締役 最高財務責任者 CFO 財務管理部長	42	1978年8月2日
ニューラルポケット	周 涵	取締役 最高執行責任者 COO 事業戦略部長	27	1993年1月22日
ニューラルポケット	秋田 一太郎	社外 取締役	45	1975年3月8日

ニューラルポケット	山岸 洋一	社外 取締役	55	1964年9月21日
インターファクトリー	蕪木 登	代表取締役 社長兼CEO	46	1973年10月10日
インターファクトリー	兼井 聡	取締役兼COO製品開発部長	43	1977年5月29日
インターファクトリー	三石 祐輔	取締役兼CMOマーケティング戦略部長	40	1980年7月31日
インターファクトリー	赤荻 隆	取締役兼CFO コーポレートディベロップメント部長	53	1966年8月27日
インターファクトリー	菅野 雅之	社外 取締役	68	1952年7月19日
雪国まいたけ	足利 厳	代表取締役 社長	57	1963年5月21日
雪国まいたけ	三枝 俊幸	常務取締役	46	1973年9月27日
雪国まいたけ	中浜 俊介	取締役	43	1977年3月15日
雪国まいたけ	杉本 勇次	取締役	51	1969年7月11日
雪国まいたけ	藤尾 益雄	社外 取締役	55	1965年6月14日
雪国まいたけ	千林 紀子	社外 取締役	53	1967年7月20日
雪国まいたけ	辻田 淑乃	社外 取締役	56	1964年8月19日
トヨクモ	山本 裕次	代表取締役 社長	52	1968年3月12日
トヨクモ	田里 友彦	取締役 マーケティング本部長	35	1985年8月31日
トヨクモ	石井 和彦	取締役 経営管理本部長	52	1968年9月13日
トヨクモ	木下 正則	取締役 開発本部長	30	1990年2月21日
トヨクモ	平野 一雄	社外 取締役	67	1953年9月7日
まぐまぐ	松田 誉史	代表取締役 社長	42	1978年8月3日
まぐまぐ	浅尾 直樹	取締役事業部門担当	45	1975年1月22日
まぐまぐ	山川 英治	取締役CSO 管理部門担当	42	1978年1月22日
まぐまぐ	森 直人	社外 取締役	64	1956年6月12日
グラフィコ	長谷川 純代	代表取締役 社長CEO	53	1967年5月18日

グラフィコ	秦 俊二	取締役 COO 兼営業本部長	61	1959 年 3 月 31 日
グラフィコ	水谷 直人	取締役 CMO 兼企画本部長	47	1973 年 5 月 17 日
グラフィコ	甲 正彦	取締役 CFO 兼管理本部長	62	1957 年 11 月 8 日
グラフィコ	池田 良介	社外 取締役	51	1968 年 12 月 5 日
ＳＴＩフードホールディングス	十見 裕	代表取締役 社長	67	1953 年 9 月 25 日
ＳＴＩフードホールディングス	柳澤 重英	取締役副社長 執行役員事業統括本部長	64	1956 年 2 月 6 日
ＳＴＩフードホールディングス	小川 隆	取締役 執行役員管理本部長	61	1959 年 4 月 22 日
ＳＴＩフードホールディングス	髙橋 敏	取締役 執行役員財務本部長	55	1965 年 6 月 18 日
ＳＴＩフードホールディングス	相原 信雄	社外 取締役	75	1945 年 3 月 15 日
ＳＴＩフードホールディングス	上平 光一	社外 取締役	64	1956 年 4 月 14 日
Ｉ－ｎｅ	大西 洋平	代表取締役 社長	38	1982 年 5 月 18 日
Ｉ－ｎｅ	杉元 将二	取締役 販売本部本部長	37	1983 年 4 月 15 日
Ｉ－ｎｅ	今井 新	取締役 ブランディング本部本部長	37	1983 年 1 月 27 日
Ｉ－ｎｅ	伊藤 翔哉	取締役 販売本部本部長代理	38	1982 年 8 月 2 日
Ｉ－ｎｅ	藤岡 礼記	取締役 マーケティング本部本部長	35	1985 年 9 月 23 日
Ｉ－ｎｅ	橋本 恒平	取締役 経営管理本部本部長	38	1982 年 8 月 17 日
Ｉ－ｎｅ	足立 光	社外 取締役	52	1968 年 3 月 27 日
rakumo	御手洗 大祐	代表取締役 社長 CEO	48	1972 年 4 月 21 日
rakumo	田近 泰治	取締役 CTO	52	1968 年 4 月 25 日
rakumo	川元 久海子	取締役 COO	45	1974 年 10 月 12 日

rakumo	西村 雄也	取締役 CFO 経営管理部長	38	1981年10月27日
rakumo	吉川 剛史	社外 取締役	54	1966年1月8日
ヘッドウォータース	篠田 庸介	代表取締役	52	1968年4月5日
ヘッドウォータース	石澤 直樹	取締役 インテリジェント・テクノロジー事業本部本部長	45	1975年4月1日
ヘッドウォータース	原島 一隆	取締役 管理本部本部長	46	1974年4月7日
ヘッドウォータース	近藤 慎哉	取締役 営業本部本部長	41	1979年9月23日
ヘッドウォータース	松崎 神都	取締役 IT インキュベーション事業本部本部長	44	1976年3月12日
ヘッドウォータース	白川 篤典	社外 取締役	53	1967年7月29日
ヘッドウォータース	畠山 奨二	社外 取締役	45	1975年7月13日
アクシス	小倉 博文	代表取締役	58	1961年12月13日
アクシス	小泉 彰宏	取締役 営業本部長	63	1956年12月27日
アクシス	横田 佳和	取締役 ビジネスサービス本部長	54	1966年3月14日
アクシス	日向 宏	取締役 マネジメント推進本部長	58	1961年11月21日
アクシス	石川 浩一	取締役 管理本部長	51	1968年11月7日
アクシス	栗屋野 盛一郎	社外 取締役	56	1963年12月30日
タスキ	村田 浩司	代表取締役 社長	53	1967年9月17日
タスキ	村上 三郎	取締役 会長	69	1951年6月5日
タスキ	米良 浩幸	取締役 事業二部長兼事業推進部長兼横浜支店長	51	1968年12月8日

タスキ	柏村 雄	取締役経営管理部長兼コンプライアンス・オフィサー	41	1979年7月28日
タスキ	南雲 忠信	社外 取締役	73	1947年2月12日
ダイレクトマーケティングミックス	小林 祐樹	代表取締役 社長	37	1982年10月20日
ダイレクトマーケティングミックス	植原 大祐	取締役	38	1981年10月18日
ダイレクトマーケティングミックス	髙嶋 厚志	取締役	38	1982年9月21日
ダイレクトマーケティングミックス	田中 良晃	取締役	43	1976年11月28日
ダイレクトマーケティングミックス	水谷 謙作	社外 取締役	46	1974年3月8日
ダイレクトマーケティングミックス	長谷川 聡子	社外 取締役	51	1968年11月27日
ダイレクトマーケティングミックス	三嶋 政美	社外 取締役	53	1966年12月29日
ダイレクトマーケティングミックス	谷口 哲一	社外 取締役	53	1967年6月6日
日通システム	加村 稔	代表取締役 執行役員社長	73	1947年6月1日
日通システム	西垣 延夫	専務取締役 執行役員管理本部長	65	1955年1月15日
日通システム	鷲尾 康史	常務取締役 執行役員開発本部長兼サービス本部管掌	64	1956年4月5日
日通システム	加村 光造	常務取締役 執行役員営業本部長兼ヘルスライフ本部管掌兼電子カルテ本部管掌兼事業戦略本部管掌	47	1973年2月11日
日通システム	國井 達哉	取締役 執行役員営業推進本部長	56	1964年1月21日
日通システム	柴田 光朗	社外 取締役	74	1946年6月1日
日通システム	渡邉 芳樹	社外 取締役	67	1953年4月1日

アースインフィニティ	濵田 幸一	代表取締役 社長	49	1970年11月20日
アースインフィニティ	浅原 香織	取締役 管理部長	40	1979年11月11日
アースインフィニティ	一氏 亮佑	取締役 営業部長	42	1978年3月17日
カラダノート	佐藤 竜也	代表取締役	36	1984年7月24日
カラダノート	平岡 晃	取締役 コーポレート本部長	35	1985年7月26日
カラダノート	山本 和正	取締役 サービス本部長	29	1991年5月20日
カラダノート	田中 祐介	社外 取締役	45	1975年3月29日
プレミアアンチエイジング	松浦 清	代表取締役 社長 CEO	52	1968年10月16日
プレミアアンチエイジング	河端 孝治	取締役COO兼新ビジネス開発推進本部長	54	1966年2月7日
プレミアアンチエイジング	戸谷 隆宏	取締役CFO兼コーポレート本部長	40	1980年9月11日
プレミアアンチエイジング	福本 拓元	社外 取締役	44	1975年11月1日
プレミアアンチエイジング	堺 咲子	社外 取締役	58	1962年5月15日
さくらさくプラス	西尾 義隆	代表取締役 社長	47	1973年10月28日
さくらさくプラス	中山 隆志	取締役 副社長	48	1971年11月5日
さくらさくプラス	森田 周平	取締役専務	44	1976年4月27日
さくらさくプラス	北村 聡子	社外 取締役	49	1970年11月29日
Retty	武田 和也	代表取締役 社長	37	1983年9月2日
Retty	長束 鉄也	取締役	37	1983年3月5日
Retty	本田 浩之	社外 取締役	60	1960年10月30日
アララ	岩井 陽介	代表取締役 社長	54	1965年11月20日
アララ	井上 浩毅	取締役副社長 コーポレート本部長	54	1966年7月5日
アララ	竹ヶ鼻 重喜	取締役 クリエイティブ本部長	51	1969年7月17日
アララ	水越 宏明	社外 取締役	51	1969年2月4日

ＭＩＴホールディングス	鈴木 浩	代表取締役 社長	62	1957年12月26日
ＭＩＴホールディングス	増田 典久	取締役	56	1964年5月29日
ＭＩＴホールディングス	中森 将雄	取締役	50	1969年12月17日
ＭＩＴホールディングス	三方 英治	取締役 経営推進センター長	44	1976年1月26日
ＭＩＴホールディングス	野山 真二	取締役	45	1975年1月6日
ＭＩＴホールディングス	池津 学	社外 取締役	46	1974年6月26日
ジオコード	原口 大輔	代表取締役 社長	44	1976年2月27日
ジオコード	吉田 知史	専務取締役 管理部長	52	1968年8月13日
ジオコード	坂従 一也	取締役 営業部長	33	1987年5月23日
ジオコード	長橋 賢吾	社外 取締役	43	1977年7月28日
クリーマ	丸林 耕太郎	代表取締役 社長	41	1979年7月31日
クリーマ	大橋 優輝	取締役 イベント・ストア・ビジネスアライアンスディビジョンゼネラルマネジャー	40	1980年1月15日
クリーマ	唐木 信太郎	社外 取締役	42	1978年6月1日
バリオセキュア	稲見 吉彦	代表取締役 社長	55	1965年10月27日
バリオセキュア	梶浦 靖史	取締役 営業本部長	55	1965年11月30日
バリオセキュア	山森 郷司	取締役 技術本部長	49	1971年1月11日
バリオセキュア	礒江 英子	取締役 社長室及び上場準備室長	52	1968年9月19日
バリオセキュア	佐藤 章憲	取締役 CFO 兼管理本部長	48	1972年7月1日
バリオセキュア	福嶋 恵理子	社外 取締役	54	1966年5月4日
バリオセキュア	芝 正孝	社外 取締役	65	1954年12月7日
ビーイングホールディングス	喜多 甚一	代表取締役 社長	54	1966年8月31日
ビーイングホールディングス	喜多 和行	専務取締役 営業部管掌	48	1972年3月4日

ビーイングホールディングス	高桑 和浩	常務取締役 事業開発部・業務部管掌	52	1968 年 8 月 19 日
ビーイングホールディングス	松木 正康	取締役総務部・経営管理部管掌経営管理部長	51	1969 年 7 月 18 日
ビーイングホールディングス	川本 剛生	社外 取締役	58	1962 年 2 月 21 日
ビーイングホールディングス	長谷川 博和	社外 取締役	59	1961 年 1 月 25 日
スタメン	加藤 厚史	代表取締役 社長	39	1981 年 4 月 19 日
スタメン	小林 一樹	常務取締役 VPoE プロダクト部長	44	1976 年 10 月 11 日
スタメン	満沢 将孝	取締役 TUNAG 事業部長	34	1986 年 4 月 9 日
スタメン	大西 泰平	取締役 コーポレート本部長	36	1984 年 12 月 8 日
スタメン	森山 裕平	取締役 FANTS 事業部長	35	1985 年 6 月 23 日
スタメン	藤田 豪	社外 取締役	45	1974 年 12 月 26 日
Fast Fitness Japan	土屋 敦之	代表取締役 社長	53	1967 年 11 月 11 日
Fast Fitness Japan	大熊 章	取締役 会長	83	1936 年 12 月 26 日
Fast Fitness Japan	森 保平	代表取締役 副会長	65	1955 年 9 月 22 日
Fast Fitness Japan	山口 博久	取締役 副社長管理本部長	64	1956 年 8 月 10 日
Fast Fitness Japan	宮本 明男	社外 取締役	63	1957 年 1 月 13 日
バルミューダ	寺尾 玄	代表取締役 社長	47	1973 年 7 月 25 日
バルミューダ	佐藤 弘次	取締役ビジネスオペレーション部長	51	1969 年 10 月 2 日
バルミューダ	佐藤 雅史	取締役 管理部長	47	1973 年 3 月 3 日
バルミューダ	南 修二	取締役 商品設計部長	63	1957 年 9 月 12 日
バルミューダ	勝部 健太郎	社外 取締役	46	1974 年 10 月 28 日

バルミューダ	田中 仁	社外 取締役	57	1963年1月25日
ローランド	三木 純一	代表取締役 社長 上席執行役員	65	1955年3月1日
ローランド	ゴードン・ レイゾン	取締役上席執行役員	55	1965年9月19日
ローランド	ブライアン・ ケイ・ ヘイウッド	社外 取締役	53	1967年1月9日
ローランド	三鍋 伊佐雄	社外 取締役	68	1952年5月19日
ローランド	堤 和暁	社外 取締役	46	1974年12月4日
ローランド	生沼 寿彦	社外 取締役	54	1966年5月13日
プレイド	倉橋 健太	代表取締役 CEO	37	1983年3月14日
プレイド	柴山 直樹	取締役 執行役員 CPO	38	1982年9月19日
プレイド	髙栁 慶太郎	取締役 執行役員	38	1982年9月21日
プレイド	平野 正雄	社外 取締役	65	1955年8月3日
ビートレンド	井上 英昭	代表取締役	58	1962年1月6日
ビートレンド	本多 誠一	取締役 管理担当	58	1961年12月29日
ビートレンド	平川 雅隆	取締役 営業担当	47	1973年9月26日
ビートレンド	澤田 瑞樹	取締役 技術担当	47	1973年11月22日
ビートレンド	永山 隆昭	取締役	58	1962年7月27日
ビートレンド	谷内 進	社外 取締役	56	1964年3月8日
リベルタ	佐藤 透	代表取締役 社長	53	1967年11月16日
リベルタ	石田 幸司	取締役 商品部部長	51	1969年5月30日
リベルタ	筒井 安規雄	取締役 第一営業部部長	44	1976年8月12日
リベルタ	二田 俊作	取締役 管理部部長	49	1971年3月30日
リベルタ	山﨑 豊和	取締役 第二営業部部長	42	1978年2月4日
リベルタ	西名 武彦	社外 取締役	68	1952年5月16日
リベルタ	北條 規	社外 取締役	64	1956年11月29日
リベルタ	水上 亮比呂	社外 取締役	64	1956年9月13日
オーケーエム	村井 米男	代表取締役 社長	69	1951年11月17日
オーケーエム	奥村 恵一	取締役 会長	59	1961年3月15日

オーケーエム	佐藤 精一	取締役 専務執行役員国際統括本部長	68	1952年3月29日
オーケーエム	奥村 晋一	取締役常務 執行役員管理統括本部長	54	1966年12月13日
オーケーエム	福地 正晴	取締役 上席執行役員生産統括本部長	61	1959年7月31日
オーケーエム	木田 清	取締役 上席執行役員生産統括本部長	58	1962年3月30日
かっこ	岩井 裕之	代表取締役 社長CEO	49	1971年9月15日
かっこ	関根 健太郎	専務取締役 管理部門管掌CFO	46	1974年9月17日
かっこ	成田 武雄	取締役 事業部門管掌COO データサイエンス事業部長	45	1974年12月28日
かっこ	岡田 知嗣	取締役システム開発部門管掌CPO システムソリューションディビジョンマネジャー	45	1975年8月25日
ココペリ	近藤 繁	代表取締役CEO	42	1978年6月26日
ココペリ	森垣 昭	取締役COO	39	1981年7月13日
ココペリ	松尾 幸一郎	社外 取締役	47	1973年5月12日
インバウンドテック	東間 大	代表取締役 社長執行役員 兼ソリューション事業本部長	53	1967年7月31日
インバウンドテック	下大薗 豊	取締役 会長	41	1979年8月4日
インバウンドテック	藤咲 雄司	社外 取締役	70	1950年9月7日
インバウンドテック	張 佑騎	社外 取締役	39	1981年9月2日
インバウンドテック	砂川 伸幸	社外 取締役	54	1966年12月8日
いつも	坂本 守	代表取締役 社長	50	1970年10月7日

いつも	望月 智之	取締役副社長 ビジネス本部長	43	1977年1月26日
いつも	関 豊	取締役 アカウント本部長	57	1963年2月11日
いつも	杉浦 通之	取締役 CFO管理本部長	40	1980年10月28日
いつも	五十棲 剛史	社外 取締役	57	1963年11月23日
ポピンズホールディングス	中村 紀子	代表取締役 会長	71	1949年5月26日
ポピンズホールディングス	轟 麻衣	代表取締役 社長	44	1976年2月16日
ポピンズホールディングス	森 榮子	取締役 副会長	78	1942年6月3日
ポピンズホールディングス	井上 正明	取締役 副社長執行役員コーポレート本部長 経営企画部長	61	1959年11月13日
ポピンズホールディングス	田中 博文	取締役 常務執行役員 管理本部長	54	1966年12月15日
ポピンズホールディングス	吉沢 淳	取締役 法務コンプライアンス部長 内部統制・監査部長	68	1951年12月28日
ポピンズホールディングス	有富 慶二	社外 取締役	80	1940年7月25日
ヤプリ	庵原 保文	代表取締役 社長 CEO	43	1977年2月28日
ヤプリ	佐野 将史	取締役CTOプロダクト開発本部長	37	1983年11月27日
ヤプリ	黒田 真澄	取締役 クリエイティブ室長	44	1976年10月8日
ヤプリ	角田 耕一	取締役CFO 経営管理本部長	35	1985年11月29日
ヤプリ	岡島 悦子	社外 取締役	54	1966年5月16日
ウェルスナビ	柴山 和久	代表取締役CEO	43	1977年12月8日
ウェルスナビ	廣瀬 学	取締役CFO	41	1979年1月8日
ウェルスナビ	東後 澄人	社外 取締役	39	1981年3月19日

Kaizen Platform	須藤 憲司	代表取締役 兼 執行役員	40	1980 年 4 月 19 日
Kaizen Platform	渡部 拓也	取締役兼執行役員	39	1981 年 5 月 8 日
Kaizen Platform	海本 桂多	取締役兼執行役員	46	1974 年 3 月 26 日
Kaizen Platform	松山 知英	社外 取締役	56	1964 年 8 月 28 日
Kaizen Platform	杉山 全功	社外 取締役	55	1965 年 4 月 16 日
ＥＮＥＣＨＡＮＧＥ	城口 洋平	代表取締役 CEO	33	1987 年 8 月 5 日
ＥＮＥＣＨＡＮＧＥ	有田 一平	代表取締役 COO	38	1982 年 5 月 6 日
ＥＮＥＣＨＡＮＧＥ	武田 稔	社外 取締役	67	1953 年 7 月 14 日
ＥＮＥＣＨＡＮＧＥ	森 暁彦	社外 取締役	40	1980 年 6 月 4 日
ＥＮＥＣＨＡＮＧＥ	吉原 信一郎	社外 取締役	45	1975 年 2 月 22 日
交換できるくん	栗原 将	代表取締役 社長	45	1975 年 10 月 29 日
交換できるくん	酒井 克知	常務取締役 サービス本部長兼サービス部長	45	1975 年 8 月 18 日
交換できるくん	平山 俊介	取締役 セールス本部長兼マーケティング部長	48	1972 年 11 月 19 日
交換できるくん	吉野 登	社外 取締役	71	1949 年 11 月 5 日
グローバルインフォメーション	小野 悟	代表取締役 社長	73	1947 年 9 月 10 日
グローバルインフォメーション	杜山 悦郎	取締役 CFO 管理部長	59	1961 年 1 月 4 日
グローバルインフォメーション	栗崎 俊紀	取締役 営業部長	52	1968 年 2 月 8 日
グローバルインフォメーション	樋口 荘祐	取締役 経営企画部長	31	1989 年 8 月 30 日
グローバルインフォメーション	船山 雅史	社外 取締役	68	1952 年 8 月 30 日

東京通信	古屋 佑樹	代表取締役 社長 CEO	34	1986 年 11 月 14 日
東京通信	外川 穣	代表取締役 会長	48	1971 年 12 月 29 日
東京通信	村野 慎之介	取締役 CFO	41	1979 年 11 月 8 日
東京通信	横山 佳史	取締役 COO	43	1977 年 12 月 13 日
東京通信	新居 佳英	社外 取締役	46	1974 年 7 月 29 日
東和ハイシステム	石井 滋久	代表取締役	75	1945 年 11 月 22 日
東和ハイシステム	猪木 健二	社外 取締役	56	1964 年 7 月 3 日
ファンペップ	三好 稔美	代表取締役 社長	56	1964 年 3 月 23 日
ファンペップ	冨岡 英樹	取締役 研究開発部長 兼 CSO	49	1971 年 8 月 13 日
ファンペップ	林 毅俊	取締役 管理部長兼 CFO	47	1973 年 2 月 17 日
ファンペップ	平井 昭光	取締役	60	1960 年 3 月 11 日
ファンペップ	栄木 憲和	社外 取締役	72	1948 年 4 月 17 日
ＳＡＮＥＩ	西岡 利明	代表取締役 社長	62	1958 年 7 月 14 日
ＳＡＮＥＩ	吉川 正弘	代表取締役 副社長	62	1958 年 1 月 15 日
ＳＡＮＥＩ	夏目 和典	専務取締役	68	1952 年 5 月 1 日
ＳＡＮＥＩ	尼見 幸一	常務取締役 コーポレート本部長	66	1954 年 2 月 22 日
ＳＡＮＥＩ	藤井 義規	取締役 購買本部長	59	1961 年 2 月 6 日
ＳＡＮＥＩ	早川 潔	取締役 ものづくり本部長	68	1952 年 2 月 9 日
ＳＡＮＥＩ	新田 裕二	取締役 営業統括本部長	52	1968 年 1 月 12 日
ＳＡＮＥＩ	瀧 勝巳	社外 取締役	59	1961 年 9 月 21 日
ＳＡＮＥＩ	安部 慶尚	社外 取締役	68	1952 年 3 月 21 日
クリングルファーマ	安達 喜一	代表取締役 社長	53	1967 年 2 月 27 日
クリングルファーマ	橋村 悦朗	取締役 医薬開発部長	68	1952 年 4 月 2 日
クリングルファーマ	松浦 裕	取締役 経営管理部長	51	1969 年 3 月 9 日
クリングルファーマ	友保 昌拓	取締役	50	1970 年 7 月 28 日

クリングルファーマ	吉野 公一郎	社外 取締役	71	1949 年３月 25 日
オンデック	久保 良介	代表取締役 社長	44	1976 年５月９日
オンデック	舩戸 雅夫	代表取締役 副社長Ｍ＆Ａアドバイザリー第１部マネージングディレクター	43	1977 年２月 28 日
オンデック	山中 大輔	取締役 東京オフィス長兼Ｍ＆Ａアドバイザリー第２部マネージングディレクター	41	1979 年５月９日
オンデック	大西 宏樹	取締役 管理部マネージングディレクター兼管理部人事総務グループマネージャー	42	1978 年７月 25 日
オンデック	谷井 等	社外 取締役	48	1972 年６月２日
QD レーザ	菅原 充	代表取締役 社長	62	1958 年 11 月 27 日
QD レーザ	幸野谷 信次	取締役 CFO 兼経営企画室長	55	1965 年５月 21 日
QD レーザ	吉田 勉	社外 取締役	64	1956 年７月 17 日
アールプランナー	梢 政樹	代表取締役 社長	45	1975 年７月 26 日
アールプランナー	古賀 祐介	代表取締役 会長	46	1974 年９月８日
アールプランナー	安藤 彰敏	取締役 事業本部長	45	1975 年４月６日
アールプランナー	舟橋 和	取締役 管理本部長	40	1980 年８月 19 日
アールプランナー	安藤 弘志	社外 取締役	44	1976 年７月 28 日
アクシージア	段 卓	代表取締役 社長	54	1966 年６月 18 日
アクシージア	王 暁維	取締役 副社長	37	1983 年 10 月 17 日
アクシージア	雑賀 俊行	専務取締役	61	1959 年４月 23 日
アクシージア	吉田 雅弘	取締役	62	1958 年４月 18 日
アクシージア	武 君	取締役 海外子会社 統括室長	35	1985 年９月 20 日
アクシージア	張 輝	取締役 国内営業部長兼海外営業部長	37	1983 年４月 28 日
アクシージア	福井 康人	取締役 管理部長	55	1965 年 10 月 29 日
アクシージア	荒川 雄二郎	社外 取締役	49	1971 年 11 月３日

WACUL	大渕 亮平	代表取締役 社長	33	1987年9月24日
WACUL	垣内 勇威	取締役 インキュベーション本部長	36	1984年4月12日
WACUL	竹本 祐也	取締役 コーポレート本部長	35	1985年8月13日
WACUL	井口 善文	取締役 ビジネス本部長	44	1976年11月7日
アピリッツ	和田 順児	代表取締役 社長 執行役員 CEO	46	1975年1月3日
アピリッツ	魚谷 幸一	取締役執行役員 CPO (Chief PeopleOfficer)	43	1977年8月4日
アピリッツ	永山 亨	取締役執行役員 CFO	47	1973年7月23日
アピリッツ	喜藤 憲一	社外 取締役	72	1948年10月16日
アピリッツ	琴坂 将広	社外 取締役	39	1982年1月14日
室町ケミカル	青木 淳一	代表取締役 社長	55	1965年8月30日
室町ケミカル	村山 哲朗	代表取締役 会長	67	1953年4月18日
室町ケミカル	服部 英法	取締役 副社長	65	1955年5月11日
室町ケミカル	髙宮 一仁	常務取締役	63	1958年2月1日
室町ケミカル	井内 聡	取締役 管理本部長	46	1974年6月28日
室町ケミカル	井ノ口 浩俊	取締役 化学品事業部長	58	1963年2月15日
室町ケミカル	中村 弘	取締役	50	1971年1月31日
室町ケミカル	山本 洋臣	社外 取締役	51	1969年8月8日
ｃｏｌｙ	中島 瑞木	代表取締役 社長	32	1988年12月1日
ｃｏｌｙ	中島 杏奈	表取締役 副社長	32	1988年12月1日
ｃｏｌｙ	佐々木 大地	取締役 ゲーム事業本部長	30	1990年12月28日
ｃｏｌｙ	近藤 俊彦	取締役 管理本部長	40	1980年8月12日
ｃｏｌｙ	秋山 裕俊	社外 取締役	30	1990年11月14日
ヒューマンクリエイションホールディングス	富永 邦昭	代表取締役 社長	50	1970年8月15日
ヒューマンクリエイションホールディングス	下田 昌孝	常務取締役	51	1970年3月6日

ヒューマンクリエイションホールディングス	河邉 貴善	取締役 管理本部長	39	1981年5月2日
ヒューマンクリエイションホールディングス	渡部 峻介	取締役 経営企画本部長	33	1987年12月3日
ヒューマンクリエイションホールディングス	島田 容男	社外 取締役	54	1967年2月2日
ヒューマンクリエイションホールディングス	仁井見 達樹	社外 取締役	53	1967年5月31日
ヒューマンクリエイションホールディングス	滝澤 康之	社外 取締役	41	1979年8月20日
ウイングアーク１ｓｔ	田中 潤	代表取締役 社長兼CEO	44	1976年11月22日
ウイングアーク１ｓｔ	内野 弘幸	取締役 会長	64	1956年12月6日
ウイングアーク１ｓｔ	諸星 俊男	社外 取締役	67	1953年8月24日
ウイングアーク１ｓｔ	山澤 光太郎	社外 取締役	64	1956年10月8日
ウイングアーク１ｓｔ	堀内 真人	社外 取締役	53	1967年5月27日
ウイングアーク１ｓｔ	寺田 親弘	社外 取締役	44	1976年12月29日
ウイングアーク１ｓｔ	山田 和広	社外 取締役	57	1963年3月28日
ウイングアーク１ｓｔ	島田 太郎	社外 取締役	54	1966年10月22日
ｉ－ｐｌｕｇ	中野 智哉	代表取締役 CEO	42	1978年12月9日
ｉ－ｐｌｕｇ	田中 伸明	取締役 CFO コーポレートマネジメント部ゼネラルマネージャー	38	1982年11月29日

i－ｐｌｕｇ	直木 英訓	取締役 COO RP 部ゼネラルマネージャー	39	1981年7月19日
i－ｐｌｕｇ	志村 日出男	取締役	52	1969年1月9日
i－ｐｌｕｇ	田中 邦裕	社外 取締役	43	1978年1月14日
i－ｐｌｕｇ	阪田 貴郁	社外 取締役	49	1971年5月2日
Ｔ．Ｓ．Ｉ	北山 忠雄	代表取締役 社長	66	1954年9月26日
Ｔ．Ｓ．Ｉ	北山 優吾	専務取締役	35	1985年5月14日
Ｔ．Ｓ．Ｉ	中村 眞里	取締役 訪問介護部長	60	1961年1月21日
Ｔ．Ｓ．Ｉ	髙岡 まり子	取締役 居宅介護支援部長	58	1962年4月4日
Ｔ．Ｓ．Ｉ	三宅 裕介	取締役 管理部長	32	1988年10月21日
Ｔ．Ｓ．Ｉ	金澤 光司	社外 取締役	45	1975年4月23日
ココナラ	鈴木 歩	代表取締役 社長 CEO	38	1982年9月3日
ココナラ	南 章行	代表取締役 会長	45	1975年6月6日
ココナラ	新明 智	取締役	38	1982年5月17日
ココナラ	赤池 敦史	社外 取締役	48	1972年3月30日
シキノハイテック	浜田 満広	代表取締役 社長 執行役員	61	1959年12月13日
シキノハイテック	塚田 隆	代表取締役 会長	84	1936年4月16日
シキノハイテック	宮本 昭仁	専務取締役 製品開発事業本部長兼技術開発統括執行役員	61	1959年12月6日
シキノハイテック	広田 文男	常務取締役 管理本部長執行役員	60	1960年6月21日
シキノハイテック	岸 和彦	常務取締役 品質管理本部長執行役員	53	1967年3月27日
シキノハイテック	寺本 正夫	取締役 生産本部長兼生産管理部長執行役員	57	1963年5月22日
シキノハイテック	古川 卓哉	取締役 電子システム事業本部長執行役員	51	1969年3月28日
シキノハイテック	宮本 幸男	社外 取締役	61	1960年1月30日
シキノハイテック	齊藤 壽	社外 取締役	66	1954年9月21日

Ｓｈａｒｉｎｇ Ｉｎｎｏｖａｔｉｏｎｓ	飯田 啓之	代表取締役 社長	47	1973年8月18日
Ｓｈａｒｉｎｇ Ｉｎｎｏｖａｔｉｏｎｓ	柳 径太	代表取締役 会長	53	1967年5月23日
Ｓｈａｒｉｎｇ Ｉｎｎｏｖａｔｉｏｎｓ	女鹿 慎司	取締役 デジタルトランスフォーメーション事業部門長	32	1988年12月30日
Ｓｈａｒｉｎｇ Ｉｎｎｏｖａｔｉｏｎｓ	中川 義則	取締役	40	1980年5月6日
Ｓｈａｒｉｎｇ Ｉｎｎｏｖａｔｉｏｎｓ	小川 恭平	取締役 CFO コーポレートマネジメント部門長	31	1990年2月22日
ＳｈａｒｉｎｇＩｎｎｏｖａｔｉｏｎｓ	上村 紀夫	社外 取締役	44	1976年11月17日
ベビーカレンダー	安田 啓司	代表取締役	55	1966年3月2日
ベビーカレンダー	福島 智晴	取締役 メディア事業部管掌	35	1985年5月17日
ベビーカレンダー	髙桑 忠久	取締役 CFO	51	1969年7月2日
ベビーカレンダー	上田 周弘	取締役 営業推進部・開発部管掌	51	1969年5月3日
ベビーカレンダー	佐々木 和幸	取締役 医療法人営業部管掌	45	1975年6月12日
ベビーカレンダー	西内 直之	取締役 コンサルティング事業部・デザイン事業部管掌	33	1987年4月3日
ベビーカレンダー	髙橋 静代	社外 取締役	59	1962年2月24日
ジーネクスト	横治 祐介	代表取締役	43	1977年7月13日
ジーネクスト	大河原 麗偉	取締役 CTO	38	1982年7月2日
ジーネクスト	三ヶ尻 秀樹	取締役 CFO	50	1971年2月13日
ジーネクスト	渡辺 尚武	社外 取締役	60	1960年8月13日
ジーネクスト	阿南 久	社外 取締役	71	1950年2月17日

イー・ロジット	角井 亮一	代表取締役 社長	52	1968年10月25日
イー・ロジット	大森 茂	取締役 通販物流事業部長	42	1978年6月20日
イー・ロジット	小宮 重蔵	取締役 管理部長	49	1972年1月11日
イー・ロジット	秋元 征紘	社外 取締役	76	1944年9月9日
ブロードマインド	伊藤 清	代表取締役	55	1965年8月23日
ブロードマインド	吉橋 正	取締役	52	1969年1月21日
ブロードマインド	大西 新吾	取締役	54	1966年6月30日
ブロードマインド	鵜沢 敬太	取締役	38	1983年3月7日
ブロードマインド	福森 久美	社外 取締役	68	1952年12月13日
スパイダープラス	伊藤 謙自	代表取締役 社長	47	1973年8月4日
スパイダープラス	鈴木 雅人	取締役 CB室室長	42	1978年4月2日
スパイダープラス	大村 幸寛	取締役 管理本部本部長	37	1983年9月28日
スパイダープラス	石戸 祐輔	取締役 ICT 事業部事業部長兼セールス G グループ長	42	1978年12月20日
スパイダープラス	川合 弘毅	取締役 社長室室長	42	1978年11月1日
スパイダープラス	吉原 直輔	社外 取締役	67	1954年2月20日
スパイダープラス	吉田 淳也	社外 取締役	37	1983年5月2日
Appier Group	游 直翰	代表取締役 CEO	41	1979年4月3日
Appier Group	李 婉菱	取締役 COO	40	1980年10月14日
Appier Group	蘇 家永	取締役 CTO	39	1982年3月21日
Appier Group	涂 正廷	取締役	40	1980年7月22日

出所：各社新規上場申請のための有価証券報告書（Ⅰの部)及び東京IPO「IPO情報『IPOスケジュール』」

（http://www.tokyoipo.com/ipo/schedule.php）

第２部　都道府県別上場企業一覧（2021 年 4 月 30 日時点）

第２部は、都道府県別上場企業一覧である。第２部に掲げる各表は、各社 HP 及びプレスリリースポータルサイト JPubb（ジェイパブ）の 2021 年 4 月 30 日時点のデータを基に作成している。

なお、表 30 では、都道府県別人口[3] と企業数を人口が多い順にまとめている。また、表 31～表 76 は都道府県別企業の 50 音順に証券コード、企業名、分類、市場を記載している。

表 29　都道府県別上場企業数

都道府県	企業（社）	都道府県	企業（社）	都道府県	企業（社）
北海道	53	石川県	26	岡山県	22
青森県	5	福井県	15	広島県	47
岩手県	4	山梨県	11	山口県	15
宮城県	21	長野県	33	徳島県	7
秋田県	2	岐阜県	30	香川県	15
山形県	6	静岡県	53	愛媛県	12
福島県	11	愛知県	228	高知県	6
茨城県	12	三重県	21	福岡県	87
栃木県	18	滋賀県	11	佐賀県	5
群馬県	23	京都府	64	長崎県	0
埼玉県	70	大阪府	446	熊本県	5
千葉県	50	兵庫県	108	大分県	10
東京都	2046	奈良県	4	宮崎県	5
神奈川県	180	和歌山県	9	鹿児島県	9
新潟県	37	鳥取県	5	沖縄県	8
富山県	22	島根県	3		

出所：各社 HP 及び「プレスリリースポータルサイト JPubb」（http://www.jpubb.com/）

[3] 総務省（2020）

表 30　人口順と上場企業数

都道府県	人口	企業数（社）	都道府県	人口	企業数（社）
東京都	13,834,925 人	2046	沖縄県	1,481,547 人	8
神奈川県	9,209,442 人	180	滋賀県	1,420,948 人	11
大阪府	8,849,635 人	446	山口県	1,369,882 人	15
愛知県	7,575,530 人	228	愛媛県	1,369,131 人	12
埼玉県	7,390,054 人	70	奈良県	1,353,837 人	4
千葉県	6,319,772 人	50	長崎県	1,350,769 人	0
兵庫県	5,549,568 人	108	青森県	1,275,783 人	5
北海道	5,267,762 人	53	岩手県	1,235,517 人	4
福岡県	5,129,841 人	87	大分県	1,151,229 人	10
静岡県	3,708,556 人	53	石川県	1,139,612 人	26
茨城県	2,921,436 人	12	宮崎県	1,095,903 人	5
広島県	2,826,858 人	47	山形県	1,082,296 人	6
京都府	2,545,899 人	64	富山県	1,055,999 人	22
宮城県	2,292,385 人	21	秋田県	985,416 人	2
新潟県	2,236,042 人	37	香川県	981,280 人	15
長野県	2,087,307 人	33	和歌山県	954,258 人	9
岐阜県	2,032,490 人	30	山梨県	826,579 人	11
群馬県	1,969,439 人	23	佐賀県	823,810 人	5
栃木県	1,965,516 人	18	福井県	780,053 人	15
岡山県	1,903,627 人	22	徳島県	742,505 人	7
福島県	1,881,981 人	11	高知県	709,230 人	6
三重県	1,813,859 人	21	島根県	679,324 人	3
熊本県	1,769,880 人	5	鳥取県	561,175 人	5
鹿児島県	1,630,146 人	9			

表 31 北海道の上場企業

証券コード	企業名	分類	市場
9948	アークス	小売	東証一部,札証
9627	アインホールディングス	小売	東証一部,札証
3693	イー・カムトゥルー	情報・通信	TOKYO PRO Market
7512	イオン北海道	小売	東証一部,札証
7355	一寸房	サービス	TOKYO PRO Market
2172	インサイト	サービス	アンビシャス

3136	エコノス	小売	アンビシャス
3802	エコミック	サービス	アンビシャス
3987	エコモット	情報・通信	東証マザーズ, アンビシャス
4650	ＳＤエンターテイメント	サービス	JASDAQ スタンダード
9678	カナモト	サービス	東証一部,札証
1734	北弘電社	建設	札証
2930	北の達人コーポレーション	食品	東証一部,札証
7461	キムラ	卸売	JASDAQ スタンダード
4834	キャリアバンク	サービス	札証
8104	クワザワ	卸売	東証一部,札証
7680	軽自動車館	小売	TOKYO PRO Market
9776	札幌臨床検査センター	サービス	JASDAQ スタンダード, 札証
3544	サツドラホールディングス	小売	東証一部
4320	ＣＥホールディングス	情報・通信	東証一部,札証
4584	ジーンテクノサイエンス	医薬品	東証マザーズ
9760	進学会ホールディングス	サービス	東証一部
7850	総合商研	その他製造	JASDAQ スタンダード
7643	ダイイチ	小売	JASDAQ スタンダード, 札証
1840	土屋ホールディングス	建設	東証二部,札証
3391	ツルハホールディングス	小売	東証一部
9812	テーオーホールディングス	卸売	JASDAQ スタンダード
8594	中道リース	その他金融	札証
2218	日糧製パン	食品	札証
2976	日本グランデ	不動産	アンビシャス
9843	ニトリホールディングス	小売	東証一部,札証
2137	光ハイツ・ヴェラス	サービス	アンビシャス
9450	ファイバーゲート	情報・通信	東証一部,札証
1449	ＦＵＪＩジャパン	建設	アンビシャス
3370	フジタコーポレーション	小売	JASDAQ スタンダード

3977	フュージョン	情報・通信	アンビシャス
6546	フルテック	サービス	東証一部
1382	ホーブ	水産・農林	JASDAQ スタンダード
3055	ほくやく・竹山ホールディングス	卸売	札証
2747	北雄ラッキー	小売	JASDAQ スタンダード
8524	北洋銀行	銀行	東証一部,札証
1384	ホクリヨウ	水産・農林	東証一部
1832	北海電気工事	建設	札証
9534	北海道瓦斯	電力・ガス	東証一部,札証
2573	北海道コカ・コーラボトリング	食品	東証二部,札証
7693	北海道歯科産業	卸売	TOKYO PRO Market
9085	北海道中央バス	陸運・海運・空運	札証
9509	北海道電力	電力・ガス	東証一部,札証
3399	丸千代山岡家	小売	JASDAQ スタンダード
4350	メディカルシステムネットワーク	小売	東証一部
7091	リビングプラットフォーム	サービス	東証マザーズ
9027	ロジネットジャパン	陸運・海運・空運	札証
2813	和弘食品	食品	JASDAQ スタンダード

出所：各社 HP 及びプレスリリースポータルサイト JPubb「『北海道』の上場企業一覧」
(http://www.jpubb.com/list/list.php?listed=1&pref=%E5%8C%97%E6%B5%B7%E9%81%93)

表 32　青森県の上場企業

証券コード	企業名	分類	市場
8342	青森銀行	銀行	東証一部
7450	サンデー	小売	JASDAQ スタンダード
5541	大平洋金属	鉄鋼	東証一部
7446	東北化学薬品	卸売	JASDAQ スタンダード
8350	みちのく銀行	銀行	東証一部

出所：各社 HP 及びプレスリリースポータルサイト JPubb「『青森県』の上場企業一覧」
(http://www.jpubb.com/list/list.php?listed=1&pref=%E9%9D%92%E6%A3%AE%E7%9C%8C)

表 33　岩手県の上場企業

証券コード	企業名	分類	市場
8345	岩手銀行	銀行	東証一部
8551	北日本銀行	銀行	東証一部
8349	東北銀行	銀行	東証一部
6634	ネクスグループ	電気機器	JASDAQ スタンダード

出所：各社 HP 及びプレスリリースポータルサイト JPubb「『岩手県』の上場企業一覧」

（http://www.jpubb.com/list/list.php?listed=1&pref=%E5%B2%A9%E6%89%8B%E7%9C%8C）

表 34　宮城県の上場企業

証券コード	企業名	分類	市場
9914	植松商会	卸売	JASDAQ スタンダード
8037	カメイ	卸売	東証一部
2789	カルラ	小売	JASDAQ スタンダード
5216	倉元製作所	窯業	JASDAQ スタンダード
7504	高速	卸売	東証一部
9996	サトー商会	卸売	JASDAQ スタンダード
5073	ジェイベース	建設	TOKYO PRO Market
8341	七十七銀行	銀行	東証一部,札証
7161	じもとホールディングス	銀行	東証一部
9051	センコン物流	陸運・海運・空運	JASDAQ スタンダード
4093	東邦アセチレン	化学	東証一部
9506	東北電力	電力・ガス	東証一部
5484	東北特殊鋼	鉄鋼	JASDAQ スタンダード
5964	東洋刃物	金属製品	東証二部
4754	トスネット	サービス	JASDAQ スタンダード
8713	フィデアホールディングス	銀行	東証一部
7605	フジ・コーポレーション	小売	東証一部
3190	ホットマン	小売	JASDAQ スタンダード
7426	山大	卸売	JASDAQ スタンダード
9994	やまや	小売	東証一部
1934	ユアテック	建設	東証一部

出所：各社 HP 及びプレスリリースポータルサイト JPubb「『宮城県』の上場企業一覧」

（http://www.jpubb.com/list/list.php?listed=1&pref=%E5%AE%AE%E5%9F%8E%E7%9C%8C）

表 35　秋田県の上場企業

証券コード	企業名	分類	市場
8343	秋田銀行	銀行	東証一部
6656	インスペック	電気機器	東証二部

出所：各社 HP 及びプレスリリースポータルサイト JPubb「『秋田県』の上場企業一覧」
（http://www.jpubb.com/list/list.php?listed=1&pref=%E7%A7%8B%E7%94%B0%E7%9C%8C）

表 36　山形県の上場企業

証券コード	企業名	分類	市場
6648	かわでん	電気機器	JASDAQ スタンダード
2877	日東ベスト	食品	JASDAQ スタンダード
6090	ヒューマン・メタボローム・テクノロジーズ	サービス	東証マザーズ
6159	ミクロン精密	機械	JASDAQ スタンダード
8344	山形銀行	銀行	東証一部
9993	ヤマザワ	小売	東証一部

出所：各社 HP 及びプレスリリースポータルサイト JPubb「『山形県』の上場企業一覧」
（http://www.jpubb.com/list/list.php?listed=1&pref=%E5%B1%B1%E5%BD%A2%E7%9C%8C）

表 37　福島県の上場企業

証券コード	企業名	分類	市場
5724	アサカ理研	非鉄金属	JASDAQ スタンダード
3546	アレンザホールディングス	小売	東証一部
7554	幸楽苑ホールディングス	小売	東証一部
6060	こころネット	サービス	JASDAQ スタンダード
1782	常磐開発	建設	JASDAQ スタンダード
9675	常磐興産	サービス	東証一部
8281	ゼビオホールディングス	小売	東証一部
8563	大東銀行	銀行	東証一部
8346	東邦銀行	銀行	東証一部
2792	ハニーズホールディングス	小売	東証一部
8562	福島銀行	銀行	東証一部

出所：各社 HP 及びプレスリリースポータルサイト JPubb「『福島県』の上場企業一覧」
（http://www.jpubb.com/list/list.php?listed=1&pref=%E7%A6%8F%E5%B3%B6%E7%9C%8C）

表38　茨城県の上場企業

証券コード	企業名	分類	市場
1997	暁飯島工業	建設	JASDAQスタンダード
8282	ケーズホールディングス	小売	東証一部
3495	香陵住販	不動産	JASDAQスタンダード
7779	ＣＹＢＥＲＤＹＮＥ	精密機器	東証マザーズ
3539	ジャパンミート	小売	東証一部
3191	ジョイフル本田	小売	東証一部
7711	助川電気工業	精密機器	JASDAQスタンダード
8338	筑波銀行	銀行	東証一部
7986	日本アイ・エス・ケイ	その他製造	JASDAQスタンダード
3077	ホリイフードサービス	小売	JASDAQスタンダード
7167	めぶきフィナンシャルグループ	銀行	東証一部
7445	ライトオン	小売	東証一部

出所：各社HP及びプレスリリースポータルサイトJPubb「『茨城県』の上場企業一覧」

（http://www.jpubb.com/list/list.php?listed=1&pref=%E8%8C%A8%E5%9F%8E%E7%9C%8C）

表39　栃木県の上場企業

証券コード	企業名	分類	市場
2664	カワチ薬品	小売	東証一部
9903	カンセキ	小売	JASDAQスタンダード
8999	グランディハウス	不動産	東証一部
9828	元気寿司	小売	東証一部
7513	コジマ	小売	東証一部
2916	仙波糖化工業	食品	JASDAQスタンダード
6635	大日光・エンジニアリング	電気機器	JASDAQスタンダード
2293	滝沢ハム	食品	JASDAQスタンダード
7268	タツミ	輸送用機器	JASDAQスタンダード
6596	筑波精工	電気機器	TOKYO PRO Market
9746	ＴＫＣ	情報・通信	東証一部
5445	東京鐵鋼	鉄鋼	東証一部
8550	栃木銀行	銀行	東証一部
7716	ナカニシ	精密機器	JASDAQスタンダード
9906	藤井産業	卸売	JASDAQスタンダード

3317	フライングガーデン	小売	JASDAQ スタンダード
7730	マニー	精密機器	東証一部
6272	レオン自動機	機械	東証一部

出所：各社 HP 及びプレスリリースポータルサイト JPubb「『栃木県』の上場企業一覧」

（http://www.jpubb.com/list/list.php?listed=1&pref=%E6%A0%83%E6%9C%A8%E7%9C%8C）

表 40　群馬県の上場企業

証券コード	企業名	分類	市場
6125	岡本工作機械製作所	機械	東証二部
6408	小倉クラッチ	機械	JASDAQ スタンダード
8919	カチタス	不動産	東証一部
1376	カネコ種苗	水産・農林	東証一部
4229	群栄化学工業	化学	東証一部
8334	群馬銀行	銀行	東証一部
2157	コシダカホールディングス	サービス	東証一部
1826	佐田建設	建設	東証一部
6901	澤藤電機	電気機器	東証一部
6444	サンデンホールディングス	機械	東証一部
9976	セキチュー	小売	JASDAQ スタンダード
8558	東和銀行	銀行	東証一部
6715	ナカヨ	電気機器	東証一部
4669	ニッパンレンタル	サービス	JASDAQ スタンダード
1770	藤田エンジニアリング	建設	JASDAQ スタンダード
7280	ミツバ	電気機器	東証一部
8155	三益半導体工業	金属製品	東証一部
6709	明星電気	電気機器	東証二部
4570	免疫生物研究所	医薬品	JASDAQ グロース
9831	ヤマダホールディングス	小売	東証一部
1967	ヤマト	建設	東証一部
9691	両毛システムズ	情報・通信	JASDAQ スタンダード
7564	ワークマン	小売	JASDAQ スタンダード

出所：各社 HP 及びプレスリリースポータルサイト JPubb「『群馬県』の上場企業一覧」

（http://www.jpubb.com/list/list.php?listed=1&pref=%E7%BE%A4%E9%A6%AC%E7%9C%8C）

表 41　埼玉県の上場企業

証券コード	企業名	分類	市場
6727	ワコム	電気機器	東証一部
6345	アイチコーポレーション	機械	東証一部,名証一部
7238	曙ブレーキ工業	輸送用機器	東証一部
5162	朝日ラバー	ゴム	JASDAQ スタンダード
3490	アズ企画設計	不動産	JASDAQ スタンダード
7562	安楽亭	小売	東証二部
6186	一蔵	サービス	東証一部
3648	ＡＧＳ	情報・通信	東証一部
2351	ＡＳＪ	情報・通信	東証マザーズ
5989	エイチワン	金属製品	東証一部
7212	エフテック	輸送用機器	東証一部
6670	ＭＣＪ	電気機器	東証二部
6961	エンプラス	電気機器	東証一部
6618	大泉製作所	電気機器	東証マザーズ
6664	オプトエレクトロニクス	電気機器	JASDAQ スタンダード
6235	オプトラン	機械	東証一部
6513	オリジン電気	電気機器	東証一部
4361	川口化学工業	化学	東証二部
7585	かんなん丸	小売	JASDAQ スタンダード
7908	きもと	化学	東証一部
7847	グラファイトデザイン	その他製造	JASDAQ スタンダード
3465	ケイアイスター不動産	不動産	東証一部
3956	国際チャート	パルプ・紙	JASDAQ スタンダード
3032	ゴルフ・ドゥ	小売	セントレックス
7581	サイゼリヤ	小売	東証一部
3123	サイボー	繊維	東証二部
6707	サンケン電気	電気機器	東証一部
5970	ジーテクト	金属製品	東証一部
7713	シグマ光機	精密機器	JASDAQ スタンダード
3826	システムインテグレータ	情報・通信	東証一部
2926	篠崎屋	食品	東証二部
6957	芝浦電子	電気機器	JASDAQ スタンダード
8227	しまむら	小売	東証一部

5542	新報国製鉄	鉄鋼	JASDAQ スタンダード
3094	スーパーバリュー	小売	JASDAQ スタンダード
9024	西武ホールディングス	陸運･海運･空運	東証一部
4994	大成ラミック	化学	東証一部
7740	タムロン	精密機器	東証一部
9012	秩父鉄道	陸運･海運･空運	JASDAQ スタンダード
7895	中央化学	化学	JASDAQ スタンダード
7937	ツツミ	その他製造	東証一部
7313	テイ・エス　テック	輸送用機器	東証一部
6145	ＮＩＴＴＯＫＵ	機械	JASDAQ スタンダード
5905	日本製罐	金属製品	東証二部
5612	日本鋳鉄管	鉄鋼	東証一部
6461	日本ピストンリング	機械	東証一部
7771	日本精密	精密機器	JASDAQ スタンダード
7611	ハイデイ日高	小売	東証一部
3847	パシフィックシステム	情報・通信	JASDAQ スタンダード
3352	バッファロー	小売	JASDAQ スタンダード
3011	バナーズ	小売	東証二部
9388	パパネッツ	倉庫・運輸関連	TOKYO PRO Market
6433	ヒーハイスト精工	機械	JASDAQ スタンダード
2925	ピックルスコーポレーション	食品	東証一部
5185	フコク	ゴム	東証一部
6347	プラコー	機械	JASDAQ スタンダード
9997	ベルーナ	小売	東証一部
9974	ベルク	小売	東証一部
7748	ホロン	精密機器	JASDAQ スタンダード
9823	マミーマート	小売	JASDAQ スタンダード
9090	丸和運輸機関	陸運･海運･空運	東証一部
8336	武蔵野銀行	銀行	東証一部
8279	ヤオコー	小売	東証一部
7298	八千代工業	輸送用機器	JASDAQ スタンダード
7886	ヤマト・インダストリー	化学	JASDAQ スタンダード
6615	ユー・エム・シー・エレクトロニクス	電気機器	東証一部

6982	リード	輸送用機器	東証二部
5395	理研コランダム	窯業	東証二部
7769	リズム	精密機器	東証一部
8887	リベレステ	不動産	JASDAQ スタンダード

出所：各社 HP 及びプレスリリースポータルサイト JPubb「『埼玉県』の上場企業一覧」

（http://www.jpubb.com/list/list.php?listed=1&pref=%E5%9F%BC%E7%8E%89%E7%9C%8C）

表 42　千葉県の上場企業

証券コード	企業名	分類	市場
8267	イオン	小売	東証一部
4343	イオンファンタジー	サービス	東証一部
8905	イオンモール	不動産	東証一部
2894	石井食品	食品	東証二部
4645	市進ホールディングス	サービス	JASDAQ スタンダード
9266	一家ダイニングプロジェクト	小売	東証一部
5983	イワブチ	金属製品	JASDAQ スタンダード
4825	ウェザーニューズ	情報・通信	東証一部
4659	エイジス	サービス	JASDAQ スタンダード
2666	オートウェーブ	小売	JASDAQ スタンダード
7746	岡本硝子	精密機器	JASDAQ スタンダード
4661	オリエンタルランド	サービス	東証一部
9695	鴨川グランドホテル	サービス	JASDAQ スタンダード
2801	キッコーマン	食品	東証一部
6498	キッツ	機械	東証一部
8168	ケーヨー	小売	東証一部
9009	京成電鉄	陸運・海運・空運	東証一部
9539	京葉瓦斯	電力・ガス	東証二部
8544	京葉銀行	銀行	東証一部
9639	三協フロンテア	サービス	JASDAQ スタンダード
3435	サンコーテクノ	金属製品	東証二部
7808	シー・エス・ランバー	その他製造	JASDAQ スタンダード
2687	シー・ヴイ・エス・ベイエリア	小売	東証一部
3080	ジェーソン	小売	JASDAQ スタンダード

2599	ジャパンフーズ	食品	東証一部
5103	昭和ホールディングス	ゴム	東証二部
6232	自律制御システム研究所	機械	東証マザーズ
9014	新京成電鉄	陸運・海運・空運	東証一部
6066	新東京グループ	サービス	TOKYO PRO Market
1879	新日本建設	建設	東証一部
6834	精工技研	電気機器	JASDAQ スタンダード
3092	ＺＯＺＯ	小売	東証一部
2164	地域新聞社	サービス	JASDAQ グロース
8331	千葉銀行	銀行	東証一部
8337	千葉興業銀行	銀行	東証一部
3075	銚子丸	小売	JASDAQ スタンダード
2754	東葛ホールディングス	卸売	JASDAQ スタンダード
6330	東洋エンジニアリング	建設	東証一部
4571	ナノキャリア	医薬品	東証マザーズ
9034	南総通運	陸運・海運・空運	JASDAQ スタンダード
5695	パウダーテック	鉄鋼	JASDAQ スタンダード
8298	ファミリー	卸売	JASDAQ スタンダード
6986	双葉電子工業	電気機器	東証一部
7707	プレシジョン・システム・サイエンス	精密機器	東証マザーズ
3088	マツモトキヨシホールディングス	小売	東証一部
6592	マブチモーター	電気機器	東証一部
4016	ＭＩＴホールディングス	情報・通信	JASDAQ スタンダード
9946	ミニストップ	小売	東証一部
8006	ユアサ・フナショク	卸売	東証二部
7938	リーガルコーポレーション	その他製造	JASDAQ スタンダード

出所：各社 HP 及びプレスリリースポータルサイト JPubb「『千葉県』の上場企業一覧」

（http://www.jpubb.com/list/list.php?listed=1&pref=%E5%8D%83%E8%91%89%E7%9C%8C）

表 43　東京都の上場企業

証券コード	企業名	分類	市場
6085	アーキテクツ・スタジオ・ジャパン	サービス	東証マザーズ

3384	アークコア	卸売	セントレックス
3085	アークランドサービスホールディングス	小売	東証一部
4985	アース製薬	化学	東証一部
3419	アートグリーン	卸売	セントレックス
3663	アートスパークホールディングス	情報・通信	東証二部
7823	アートネイチャー	その他製造	東証一部
3242	アーバネットコーポレーション	不動産	JASDAQ スタンダード
2977	アーバンビジョン	不動産	TOKYO PRO Market
3248	アールエイジ	不動産	東証二部
4664	アール・エス・シー	サービス	JASDAQ スタンダード
3445	ＲＳ Ｔｅｃｈｎｏｌｏｇｉｅｓ	金属製品	東証一部
7837	アールシーコア	その他製造	JASDAQ スタンダード
6572	ＲＰＡホールディングス	サービス	東証一部
7523	アールビバン	小売	JASDAQ スタンダード
6786	ＲＶＨ	サービス	東証二部
5852	アーレスティ	非鉄金属	東証一部
6035	アイ・アール ジャパンホールディングス	サービス	東証一部
7013	ＩＨＩ	機械	東証一部,名証一部,札証,福証
9702	アイ・エス・ビー	情報・通信	東証一部
9753	アイエックス・ナレッジ	情報・通信	JASDAQ スタンダード
8708	藍澤證券	証券、商品先物取引	東証一部
3791	ＩＧポート	情報・通信	JASDAQ スタンダード
7315	ＩＪＴテクノロジーホールディングス	輸送用機器	東証二部
3660	アイスタイル	情報・通信	東証一部
1447	ＩＴｂｏｏｋホールディングス	建設	東証マザーズ
4743	アイティフォー	情報・通信	東証一部

2148	アイティメディア	サービス	東証一部
7539	アイナボホールディングス	卸売	JASDAQ スタンダード
9742	アイネス	情報・通信	東証一部
3390	ＩＮＥＳＴ	卸売	JASDAQ スタンダード
4390	アイ・ピー・エス	情報・通信	東証一部
4918	アイビー化粧品	化学	JASDAQ スタンダード
3920	アイビーシー	情報・通信	東証一部
6071	ＩＢＪ	サービス	東証一部
7833	アイフィスジャパン	その他製造	東証一部
7339	アイペットホールディングス	保険	東証マザーズ
3076	あい ホールディングス	卸売	東証一部
6535	アイモバイル	サービス	東証マザーズ
7325	アイリックコーポレーション	保険	東証マザーズ
3917	アイリッジ	情報・通信	東証マザーズ
2372	アイロムグループ	サービス	東証一部
2427	アウトソーシング	サービス	東証一部
2459	アウンコンサルティング	サービス	東証二部
3758	アエリア	情報・通信	JASDAQ スタンダード
3975	ＡＯＩ ＴＹＯ Ｈｏｌｄｉｎｇｓ	情報・通信	東証一部
8304	あおぞら銀行	銀行	東証一部
8929	青山財産ネットワークス	不動産	東証二部
6022	赤阪鐵工所	機械	東証二部
3932	アカツキ	情報・通信	東証マザーズ
8737	あかつき本社	証券、商品先物取引	東証二部
6840	ＡＫＩＢＡホールディングス	電気機器	JASDAQ スタンダード
5142	アキレス	化学	東証一部
4936	アクシージア	化学	東証マザーズ
4012	アクシス	情報・通信	東証マザーズ
4813	ＡＣＣＥＳＳ	情報・通信	東証一部
7042	アクセスグループ・ホールディングス	サービス	JASDAQ スタンダード
6730	アクセル	電気機器	東証一部
3624	アクセルマーク	情報・通信	東証マザーズ

6888	アクモス	情報・通信	JASDAQスタンダード
4395	アクリート	情報・通信	東証マザーズ
3467	アグレ都市デザイン	不動産	東証一部
4955	アグロ カネショウ	化学	東証一部
3823	アクロディア	情報・通信	東証二部
9704	アゴーラ・ホスピタリティー・グループ	サービス	東証一部
8572	アコム	その他金融	東証一部
9311	アサガミ	倉庫・運輸関連	東証二部
8772	アサックス	その他金融	東証一部
3407	旭化成	化学	東証一部
2502	アサヒグループホールディングス	食品	東証一部
1975	朝日工業社	建設	東証一部
5268	旭コンクリート工業	窯業	東証二部
9799	旭情報サービス	情報・通信	東証二部
6140	旭ダイヤモンド工業	機械	東証一部
3834	朝日ネット	情報・通信	東証一部
4216	旭有機材	化学	東証一部
6073	アサンテ	サービス	東証一部
9318	アジア開発キャピタル	証券、商品先物取引	東証二部
1783	アジアゲートホールディングス	建設	JASDAQスタンダード
5288	アジアパイルホールディングス	窯業	東証一部
2802	味の素	食品	東証一部
6573	アジャイルメディア・ネットワーク	サービス	東証マザーズ
3496	アズーム	不動産	東証マザーズ
4886	あすか製薬ホールディングス	医薬品	東証一部
2678	アスクル	小売	東証一部
3264	アスコット	不動産	JASDAQスタンダード
4288	アズジェント	情報・通信	JASDAQスタンダード
4503	アステラス製薬	医薬品	東証一部

3853	アステリア	情報・通信	東証一部
7162	アストマックス	証券、商品先物取引	JASDAQ スタンダード
6845	アズビル	電気機器	東証一部
2654	アスモ	小売	東証二部
3161	アゼアス	卸売	東証二部
3565	アセンテック	卸売	東証一部
2685	アダストリア	小売	東証一部
6177	ＡｐｐＢａｎｋ	サービス	東証マザーズ
7093	アディッシュ	サービス	東証マザーズ
4401	ＡＤＥＫＡ	化学	東証一部
2489	アドウェイズ	サービス	東証一部
3837	アドソル日進	情報・通信	東証一部
5998	アドバネクス	金属製品	東証一部
3773	アドバンスト・メディア	情報・通信	東証マザーズ
6857	アドバンテスト	電気機器	東証一部
8769	アドバンテッジリスクマネジメント	サービス	東証一部
6030	アドベンチャー	サービス	東証マザーズ
4625	アトミクス	化学	JASDAQ スタンダード
3426	アトムリビンテック	金属製品	JASDAQ スタンダード
6194	アトラエ	サービス	東証一部
7463	アドヴァン	小売	東証一部
3189	ＡＮＡＰ	小売	JASDAQ グロース
8715	アニコム ホールディングス	保険	東証一部
6918	アバールデータ	電気機器	JASDAQ スタンダード
8889	ＡＰＡＭＡＮ	不動産	JASDAQ スタンダード
3836	アバント	情報・通信	東証一部
6087	アビスト	サービス	東証一部
4174	アピリッツ	情報・通信	JASDAQ スタンダード
3727	アプリックス	情報・通信	東証マザーズ
3070	アマガサ	卸売	JASDAQ グロース
2402	アマナ	サービス	東証マザーズ
7800	アミファ	その他製造	JASDAQ スタンダード
4301	アミューズ	サービス	東証一部

4424	Ａｍａｚｉａ	情報・通信	東証マザーズ
6081	アライドアーキテクツ	サービス	東証マザーズ
6835	アライドテレシスホールディングス	電気機器	東証二部
2733	あらた	卸売	東証一部
4015	アララ	情報・通信	東証マザーズ
2815	アリアケジャパン	食品	東証一部
7077	ＡＬｉＮＫインターネット	サービス	東証マザーズ
7043	アルー	サービス	東証マザーズ
7595	アルゴグラフィックス	情報・通信	東証一部
3036	アルコニックス	卸売	東証一部
6778	アルチザネットワークス	電気機器	東証二部
9972	アルテック	卸売	東証一部
8925	アルデプロ	不動産	東証二部
4423	アルテリア・ネットワークス	情報・通信	東証一部
2341	アルバイトタイムス	サービス	JASDAQ スタンダード
7198	アルヒ	その他金融	東証一部
3322	アルファグループ	卸売	JASDAQ スタンダード
9467	アルファポリス	情報・通信	東証マザーズ
6770	アルプスアルパイン	電気機器	東証一部
2784	アルフレッサ ホールディングス	卸売	東証一部
3906	ＡＬＢＥＲＴ	情報・通信	東証マザーズ
7859	アルメディオ	その他製造	東証二部
7183	あんしん保証	その他金融	東証マザーズ
1719	安藤・間	建設	東証一部
7035	ａｎｄ　ｆａｃｔｏｒｙ	サービス	東証一部
3300	ＡＭＢＩＴＩＯＮ	不動産	東証マザーズ
7071	アンビスホールディングス	サービス	JASDAQ スタンダード
9327	イー・ロジット	倉庫・運輸関連	JASDAQ スタンダード
6083	ＥＲＩホールディングス	サービス	東証一部
7036	イーエムネットジャパン	サービス	東証マザーズ
6050	イー・ガーディアン	サービス	東証一部
8771	イー・ギャランティ	その他金融	東証一部
3294	イーグランド	不動産	東証一部

6486	イーグル工業	機械	東証一部
2493	イーサポートリンク	サービス	JASDAQ スタンダード
4304	Ｅストアー	情報・通信	JASDAQ スタンダード
4420	イーソル	情報・通信	東証一部
1789	ＥＴＳホールディングス	建設	JASDAQ スタンダード
6038	イード	情報・通信	東証マザーズ
2882	イートアンド	食品	東証一部
4282	ＥＰＳホールディングス	サービス	東証一部
3658	イーブックイニシアティブジャパン	情報・通信	東証一部
9517	イーレックス	電力・ガス	東証一部
3796	いい生活	情報・通信	東証二部
3291	飯田グループホールディングス	不動産	東証一部
9119	飯野海運	陸運・海運・空運	東証一部,福証
9882	イエローハット	卸売	東証一部
2334	イオレ	サービス	東証マザーズ
8570	イオンフィナンシャルサービス	その他金融	東証一部
3689	イグニス	情報・通信	東証マザーズ
6771	池上通信機	電気機器	東証一部
6362	石井鐵工所	機械	東証一部
2901	石垣食品	食品	JASDAQ スタンダード
6819	伊豆シャボテンリゾート	サービス	JASDAQ スタンダード
7202	いすゞ自動車	輸送用機器	東証一部
4107	伊勢化学工業	化学	東証二部
6310	井関農機	機械	東証一部
3513	イチカワ	繊維	東証一部
1847	イチケン	建設	東証一部
2337	いちご	不動産	東証一部
8624	いちよし証券	証券、商品先物取引	東証一部
7694	いつも	小売	東証マザーズ
9768	いであ	サービス	東証一部

3140	イデアインターナショナル	卸売	JASDAQ グロース
5019	出光興産	石油・石炭製品	東証一部
2593	伊藤園	食品	東証一部
8133	伊藤忠エネクス	卸売	東証一部
8001	伊藤忠商事	卸売	東証一部
4739	伊藤忠テクノソリューションズ	情報・通信	東証一部
2296	伊藤ハム米久ホールディングス	食品	東証一部
6049	イトクロ	サービス	東証マザーズ
7599	ＩＤＯＭ	卸売	東証一部
8182	いなげや	小売	東証一部
3421	稲葉製作所	金属製品	東証一部
9308	乾汽船	陸運・海運・空運	東証一部
3970	イノベーション	情報・通信	東証マザーズ
4989	イハラケミカル工業	化学	東証一部
5999	イハラサイエンス	金属製品	JASDAQ スタンダード
6879	IMAGICA GROUP	情報・通信	東証一部
4644	イマジニア	情報・通信	JASDAQ スタンダード
3803	イメージ情報開発	情報・通信	JASDAQ グロース
2667	イメージ ワン	卸売	JASDAQ スタンダード
8095	イワキ	卸売	東証一部
6237	イワキポンプ	機械	東証一部
6704	岩崎通信機	電気機器	東証一部
6924	岩崎電気	電気機器	東証一部
7078	ＩＮＣＬＵＳＩＶＥ	サービス	東証マザーズ
6200	インソース	サービス	東証一部
2122	インタースペース	サービス	東証マザーズ
3747	インタートレード	情報・通信	東証二部
3774	インターネットイニシアティブ	情報・通信	東証一部
6545	インターネットインフィニティー	サービス	東証マザーズ
4057	インターファクトリー	情報・通信	東証マザーズ

1418	インターライフホールディングス	建設	JASDAQ スタンダード
6032	インターワークス	サービス	東証一部
4326	インテージホールディングス	情報・通信	東証一部
7072	インティメート・マージャー	サービス	東証マザーズ
4847	インテリジェント ウェイブ	情報・通信	東証一部
8940	インテリックス	不動産	東証一部
7191	イントラスト	その他金融	東証一部
3237	イントランス	不動産	東証マザーズ
7031	インバウンドテック	サービス	東証マザーズ
6067	インパクトホールディングス	サービス	東証マザーズ
4348	インフォコム	情報・通信	東証一部
4444	インフォネット	情報・通信	東証マザーズ
2492	インフォマート	サービス	東証一部
4769	インフォメーションクリエーティブ	情報・通信	JASDAQ スタンダード
4709	インフォメーション・ディベロプメント	情報・通信	東証一部
9479	インプレスホールディングス	情報・通信	東証一部
1605	ＩＮＰＥＸ	鉱業	東証一部
7338	インヴァスト	その他金融	JASDAQ スタンダード
3990	UUUM	情報・通信	東証マザーズ
6089	ウィルグループ	サービス	東証一部
4482	ウィルズ	情報・通信	東証マザーズ
9610	ウィルソン・ラーニング ワールドワイド	サービス	JASDAQ スタンダード
3538	ウイルプラスホールディングス	小売	東証一部
4432	ウイングアーク１ｓｔ	情報・通信	東証一部
3183	ウイン・パートナーズ	卸売	東証一部
7940	ウェーブロックホールディングス	化学	東証一部
2388	ウェッジホールディングス	その他金融	JASDAQ グロース
7551	ウェッズ	輸送用機器	JASDAQ スタンダード
3772	ウェルス・マネジメント	不動産	東証二部

7342	ウェルスナビ	証券、商品先物取引	東証マザーズ
2428	ウェルネット	サービス	東証一部
6556	ウェルビー	サービス	東証マザーズ
4438	Ｗｅｌｂｙ	情報・通信	東証マザーズ
3141	ウエルシアホールディングス	小売	東証一部
3991	ウォンテッドリー	情報・通信	東証マザーズ
7596	魚力	小売	東証一部
7621	うかい	小売	JASDAQ スタンダード
6925	ウシオ電機	電気機器	東証一部
4699	ウチダエスコ	サービス	JASDAQ スタンダード
8057	内田洋行	卸売	東証一部
6396	宇野澤組鐵工所	機械	東証二部
4208	宇部興産	化学	東証一部
4235	ウルトラファブリックス・ホールディングス	化学	JASDAQ スタンダード
3979	うるる	情報・通信	東証マザーズ
4388	エーアイ	情報・通信	東証マザーズ
4488	ＡＩ　ｉｎｓｉｄｅ	情報・通信	東証マザーズ
4476	ＡＩ　ＣＲＯＳＳ	情報・通信	東証マザーズ
7745	エー・アンド・デイ	精密機器	東証一部
9202	ＡＮＡホールディングス	陸運・海運・空運	東証一部
4523	エーザイ	医薬品	東証一部
5201	ＡＧＣ	窯業	東証一部
9377	エージーピー	倉庫・運輸関連	JASDAQ スタンダード
7098	エージェント	サービス	TOKYO PRO Market
2982	AD ワークスグループ	不動産	東証一部
3856	Ａｂａｌａｎｃｅ	電気機器	東証二部
3175	エー・ピーカンパニー	小売	東証一部,東証マザーズ
2670	エービーシー・マート	小売	東証一部
6156	エーワン精密	機械	JASDAQ スタンダード
6191	エアトリ	サービス	東証一部
7083	ＡＨＣグループ	サービス	東証マザーズ
4549	栄研化学	医薬品	東証一部

2352	エイジア	情報・通信	東証一部
9603	エイチ・アイ・エス	サービス	東証一部
6597	ＨＰＣシステムズ	電気機器	東証マザーズ
4544	Ｈ．Ｕ．グループホールディングス	サービス	東証一部
3969	エイトレッド	情報・通信	東証一部
4180	Ａｐｐｉｅｒ　Ｇｒｏｕｐ	情報・通信	東証マザーズ
7860	エイベックス	情報・通信	東証一部
3911	Ａｉｍｉｎｇ	情報・通信	東証マザーズ
3646	駅探	情報・通信	東証マザーズ
6033	エクストリーム	サービス	東証マザーズ
4394	エクスモーション	情報・通信	東証マザーズ
7520	エコス	小売	東証一部
3521	エコナックホールディングス	サービス	東証一部
2980	ＳＲＥホールディングス	不動産	東証一部
3817	ＳＲＡホールディングス	情報・通信	東証一部
4386	ＳＩＧ	情報・通信	東証二部
7070	ＳＩホールディングス	サービス	JASDAQ グロース
3423	エスイー	金属製品	JASDAQ スタンダード
9478	ＳＥホールディングス・アンド・インキュベーションズ	情報・通信	JASDAQ スタンダード
3198	ＳＦＰホールディングス	小売	東証一部
2175	エス・エム・エス	サービス	東証一部
6185	ＳＭＮ	サービス	東証一部
6798	ＳＭＫ	電気機器	東証一部
6273	ＳＭＣ	機械	東証一部
3223	エスエルディー	小売	JASDAQ スタンダード
2196	エスクリ	サービス	東証マザーズ
6093	エスクロー・エージェント・ジャパン	サービス	東証一部
5721	エス・サイエンス	非鉄金属	東証一部
9719	ＳＣＳＫ	情報・通信	東証一部
4951	エステー	化学	東証一部
7872	エステールホールディングス	その他製造	東証一部

2932	ＳＴＩフードホールディングス	食品	東証二部
4952	エス・ディー・エス バイオテック	化学	東証二部
7326	ＳＢＩインシュアランスグループ	保険	東証マザーズ
8473	ＳＢＩホールディングス	証券、商品先物取引	東証一部
2384	ＳＢＳホールディングス	陸運・海運・空運	東証一部
2805	ヱスビー食品	食品	東証二部
2471	エスプール	サービス	東証一部
3913	ｓＭｅｄｉｏ	情報・通信	東証マザーズ
4762	エックスネット	情報・通信	東証一部
3935	エディア	情報・通信	東証マザーズ
4427	ＥｄｕＬａｂ	情報・通信	東証一部
3665	エニグモ	情報・通信	東証一部
3667	ｅｎｉｓｈ	情報・通信	東証一部
5742	エヌアイシ・オートテック	非鉄金属	JASDAQ スタンダード
2349	エヌアイデイ	情報・通信	JASDAQ スタンダード
8793	ＮＥＣキャピタルソリューション	その他金融	東証一部
1973	ＮＥＣネッツエスアイ	情報・通信	東証一部
9759	ＮＳＤ	情報・通信	東証一部
9110	ＮＳユナイテッド海運	陸運・海運・空運	東証一部
7169	ＮＦＣホールディングス	保険	JASDAQ スタンダード
2162	ｎｍｓホールディングス	サービス	JASDAQ スタンダード
7240	ＮＯＫ	輸送用機器	東証一部
7057	エヌ・シー・エヌ	サービス	JASDAQ スタンダード
6236	ＮＣホールディングス	機械	東証一部
2325	ＮＪＳ	サービス	東証一部
9421	エヌジェイホールディングス	情報・通信	JASDAQ スタンダード
9613	エヌ・ティ・ティ・データ	情報・通信	東証一部

3850	エヌ・ティ・ティ・データ・イントラマート	情報・通信	東証二部
6255	エヌ・ピー・シー	機械	東証マザーズ
6578	エヌリンクス	サービス	東証二部
5020	ＥＮＥＯＳホールディングス	石油・石炭製品	東証一部,名証一部
4169	ＥＮＥＣＨＡＮＧＥ	情報・通信	東証マザーズ
6328	荏原実業	機械	東証一部
6361	荏原製作所	機械	東証一部
3777	FHT ホールディングス	情報・通信	JASDAQ グロース
3692	ＦＦＲＩ	情報・通信	東証マザーズ
9514	エフオン	電力・ガス	東証一部
2311	エプコ	サービス	東証一部
8935	エフ・ジェー・ネクスト	不動産	東証一部
6955	ＦＤＫ	電気機器	東証二部
2763	エフティグループ	卸売	JASDAQ スタンダード
7148	ＦＰＧ	証券、商品先物取引	東証一部
6599	エブレン	電気機器	JASDAQ スタンダード
6034	ＭＲＴ	サービス	東証マザーズ
3661	エムアップ	情報・通信	東証一部
6080	Ｍ＆Ａキャピタルパートナーズ	サービス	東証一部
9439	エム・エイチ・グループ	サービス	JASDAQ スタンダード
8725	ＭＳ＆ＡＤインシュアランスグループホールディングス	保険	東証一部,名証一部
6555	ＭＳ＆Ｃｏｎｓｕｌｔｉｎｇ	サービス	東証一部
6539	ＭＳ－Ｊａｐａｎ	サービス	東証マザーズ
2413	エムスリー	サービス	東証一部
9438	エムティーアイ	情報・通信	東証一部
9820	エムティジェネックス	不動産	JASDAQ スタンダード
4380	Ｍマート	情報・通信	東証マザーズ
8912	エリアクエスト	不動産	東証二部
8914	エリアリンク	不動産	東証二部
5856	エルアイイーエイチ	小売	東証二部
2986	LA ホールディングス	不動産	JASDAQ グロース

8938	ＬＣホールディングス	不動産	JASDAQ グロース
6560	エル・ティー・エス	サービス	東証一部
3967	エルテス	情報・通信	東証マザーズ
2715	エレマテック	卸売	東証一部
3682	エンカレッジ・テクノロジ	情報・通信	東証一部
4849	エン・ジャパン	サービス	東証一部
2112	塩水港精糖	食品	東証一部
6092	エンバイオ・ホールディングス	サービス	東証マザーズ
3143	オーウイル	卸売	東証二部
4979	ＯＡＴアグリオ	化学	東証一部
7614	オーエムツーネットワーク	小売	JASDAQ スタンダード
3113	Ｏａｋ　キャピタル	証券、商品先物取引	東証二部
3964	オークネット	情報・通信	東証一部
3674	オークファン	情報・通信	東証マザーズ
6533	Ｏｒｃｈｅｓｔｒａ Ｈｏｌｄｉｎｇｓ	サービス	東証一部
1736	オーテック	建設	JASDAQ スタンダード
9832	オートバックスセブン	小売	東証一部
7628	オーハシテクニカ	卸売	東証一部
7727	オーバル	精密機器	東証一部
4684	オービック	情報・通信	東証一部
4733	オービックビジネスコンサルタント	情報・通信	東証一部
3926	オープンドア	情報・通信	東証一部
3288	オープンハウス	不動産	東証一部
3583	オーベクス	繊維	東証二部
2454	オールアバウト	サービス	JASDAQ スタンダード
3182	オイシックス・ラ・大地	小売	東証一部
3808	オウケイウェイヴ	情報・通信	セントレックス
3861	王子ホールディングス	パルプ・紙	東証一部
9755	応用地質	サービス	東証一部
2533	オエノンホールディングス	食品	東証一部

3417	大木ヘルスケアホールディングス	卸売	JASDAQ スタンダード
6644	大崎電気工業	電気機器	東証一部
7555	大田花き	卸売	JASDAQ スタンダード
5939	大谷工業	金属製品	JASDAQ スタンダード
8186	大塚家具	小売	JASDAQ スタンダード
4768	大塚商会	情報・通信	東証一部
4578	大塚ホールディングス	医薬品	東証一部
2705	大戸屋ホールディングス	小売	JASDAQ スタンダード
9765	オオバ	サービス	東証一部
1802	大林組	建設	東証一部,福証
1844	大盛工業	建設	東証二部
8609	岡三証券グループ	証券、商品先物取引	東証一部,名証一部
8705	岡藤ホールディングス	証券、商品先物取引	JASDAQ スタンダード
5959	岡部	金属製品	東証一部
5122	オカモト	ゴム	東証一部
6926	岡谷電機産業	電気機器	東証一部
6703	沖電気工業	電気機器	東証一部
9007	小田急電鉄	陸運・海運・空運	東証一部
7487	小津産業	卸売	東証二部
9268	オプティマスグループ	卸売	東証二部
3694	オプティム	情報・通信	東証一部
2498	オリエンタルコンサルタンツホールディングス	サービス	JASDAQ スタンダード
1786	オリエンタル白石	建設	東証一部
8585	オリエントコーポレーション	その他金融	東証一部
4800	オリコン	情報・通信	JASDAQ スタンダード
4642	オリジナル設計	サービス	東証二部
8591	オリックス	その他金融	東証一部
7733	オリンパス	精密機器	東証一部
8289	Ｏｌｙｍｐｉｃグループ	小売	東証一部
6368	オルガノ	機械	東証一部

3672	オルトプラス	情報・通信	東証一部
3983	オロ	情報・通信	東証一部
4588	オンコリスバイオファーマ	医薬品	東証マザーズ
8016	オンワードホールディングス	繊維	東証一部,名証一部
7196	Ｃａｓａ	その他金融	東証一部
7602	カーチスホールディングス	卸売	東証二部
7085	カーブスホールディングス	サービス	東証一部
7297	カーメイト	輸送用機器	JASDAQ スタンダード
4777	ガーラ	情報・通信	JASDAQ スタンダード
4275	カーリットホールディングス	化学	東証一部
3775	ガイアックス	情報・通信	セントレックス
4583	カイオム・バイオサイエンス	医薬品	東証マザーズ
2315	CAICA	情報・通信	JASDAQ スタンダード
4170	Ｋａｉｚｅｎ Ｐｌａｔｆｏｒｍ	情報・通信	東証マザーズ
4556	カイノス	医薬品	JASDAQ スタンダード
4452	花王	化学	東証一部
4435	カオナビ	情報・通信	東証マザーズ
2371	カカクコム	サービス	東証一部
8154	加賀電子	卸売	東証一部
7686	カクヤスグループ	卸売	東証二部
4521	科研製薬	医薬品	東証一部
6952	カシオ計算機	電気機器	東証一部
1812	鹿島	建設	東証一部,名証一部
3498	霞ヶ関キャピタル	不動産	東証マザーズ
4031	片倉コープアグリ	化学	東証一部
3001	片倉工業	繊維	東証一部
3010	価値開発[4]	サービス	東証二部
9769	学究社	サービス	東証一部
9470	学研ホールディングス	情報・通信	東証一部
4166	かっこ	情報・通信	東証マザーズ
2777	カッシーナ・イクスシー	卸売	JASDAQ スタンダード
6416	桂川電機	機械	JASDAQ スタンダード

[4] 2021 年５月１日付で商号をポラリス・ホールディングス株式会社へと変更しています。

6390	加藤製作所	機械	東証一部
9468	ＫＡＤＯＫＡＷＡ	情報・通信	東証一部
2612	かどや製油	食品	東証一部
8081	カナデン	卸売	東証一部
3939	カナミックネットワーク	情報・通信	東証一部
6566	要興業	サービス	東証二部
8020	兼松	卸売	東証一部
8096	兼松エレクトロニクス	情報・通信	東証一部
7961	兼松サステック	その他製造	東証一部
9661	歌舞伎座	サービス	東証二部
6184	鎌倉新書	サービス	東証一部
4014	カラダノート	情報・通信	東証マザーズ
3688	ＣＡＲＴＡ ＨＯＬＤＩＮＧＳ	情報・通信	東証一部
2229	カルビー	食品	東証一部
5921	川岸工業	金属製品	東証二部
9107	川崎汽船	陸運・海運・空運	東証一部,名証一部,福証
9179	川崎近海汽船	陸運・海運・空運	東証二部
4673	川崎地質	サービス	JASDAQ スタンダード
3443	川田テクノロジーズ	金属製品	東証一部
8123	川辺	卸売	JASDAQ スタンダード
4657	環境管理センター	サービス	JASDAQ スタンダード
1992	神田通信機	建設	JASDAQ スタンダード
9059	カンダホールディングス	陸運・海運・空運	東証二部
1942	関電工	建設	東証一部
4047	関東電化工業	化学	東証一部
3765	ガンホー・オンライン・エンターテイメント	情報・通信	東証一部
7181	かんぽ生命保険	保険	東証一部
2216	カンロ	食品	東証二部
3799	キーウェアソリューションズ	情報・通信	東証二部
7060	ギークス	サービス	東証一部

2594	キーコーヒー	食品	東証一部
4712	ＫｅｙＨｏｌｄｅｒ	サービス	JASDAQ スタンダード
3830	ギガプライズ	情報・通信	セントレックス
3444	菊池製作所	金属製品	JASDAQ スタンダード
2375	ギグワークス	サービス	東証二部
9764	技研興業	建設	東証二部
1443	技研ホールディングス	建設	東証二部
7086	きずなホールディングス	サービス	東証マザーズ
9930	北沢産業	小売	東証一部
7084	Ｋｉｄｓ　Ｓｍｉｌｅ Ｈｏｌｄｉｎｇｓ	サービス	東証マザーズ
2700	木徳神糧	卸売	JASDAQ スタンダード
9465	Ｋｉｐｓ	情報・通信	TOKYO PRO Market
4449	ギフティ	情報・通信	東証一部
9279	ギフト	小売	東証一部
2933	紀文食品	食品	東証一部
6198	キャリア	サービス	東証マザーズ
6538	キャリアインデックス	サービス	東証一部
2410	キャリアデザインセンター	サービス	東証一部
6070	キャリアリンク	サービス	東証一部
1446	キャンディル	建設	東証一部
2698	キャンドゥ	小売	東証一部
7751	キヤノン	電気機器	東証一部,名証一部,札証,福証
7739	キヤノン電子	電気機器	東証一部
8060	キヤノンマーケティングジャパン	卸売	東証一部
2809	キユーピー	食品	東証一部
6571	キュービーネットホールディングス	サービス	東証一部
2335	キューブシステム	情報・通信	東証一部
9369	キユーソー流通システム	倉庫・運輸関連	東証一部
4569	キョーリン製薬ホールディングス	医薬品	東証一部
6973	協栄産業	卸売	東証一部

7058	共栄セキュリティーサービス	サービス	JASDAQ スタンダード
9130	共栄タンカー	陸運・海運・空運	東証一部
9073	京極運輸商事	陸運・海運・空運	JASDAQ スタンダード
7914	共同印刷	その他製造	東証一部
9849	共同紙販ホールディングス	卸売	JASDAQ スタンダード
2436	共同ピーアール	サービス	JASDAQ スタンダード
7615	京都きもの友禅	小売	東証一部
7838	共立印刷	その他製造	東証一部
3670	協立情報通信	情報・通信	JASDAQ スタンダード
9616	共立メンテナンス	サービス	東証一部
1951	協和エクシオ	建設	東証一部
4151	協和キリン	化学	東証一部
9647	協和コンサルタンツ	サービス	JASDAQ スタンダード
6853	共和電業	電気機器	東証一部
1981	協和日成	建設	JASDAQ スタンダード
8706	極東証券	証券、商品先物取引	東証一部
8093	極東貿易	卸売	東証一部
1301	極洋	水産・農林	東証一部
7353	ＫＩＹＯラーニング	サービス	東証マザーズ
2503	キリンホールディングス	食品	東証一部,名証一部,札証,福証
8118	キング	繊維	東証一部
7962	キングジム	その他製造	東証一部
8215	銀座山形屋	卸売	JASDAQ スタンダード
9853	銀座ルノアール	小売	JASDAQ スタンダード
9375	近鉄エクスプレス	倉庫・運輸関連	東証一部
8864	空港施設	不動産	東証一部
2332	クエスト	情報・通信	JASDAQ スタンダード
3034	クオールホールディングス	小売	東証一部
3547	串カツ田中ホールディングス	小売	東証一部
2345	クシム	情報・通信	東証二部

3549	クスリのアオキホールディングス	小売	東証一部
2708	久世	卸売	JASDAQ スタンダード
4425	Ｋｕｄａｎ	情報・通信	東証マザーズ
2193	クックパッド[5]	サービス	東証一部
3475	グッドコムアセット	不動産	東証一部
4437	ｇｏｏｄｄａｙｓホールディングス	情報・通信	東証マザーズ
7351	グッドパッチ	サービス	東証マザーズ
5388	クニミネ工業	窯業	東証一部
6047	Ｇｕｎｏｓｙ	サービス	東証一部
4399	くふうカンパニー	情報・通信	東証マザーズ
4596	窪田製薬ホールディングス	医薬品	東証マザーズ
9261	クボデラ	卸売	TOKYO PRO Market
1861	熊谷組	建設	東証一部
3903	ｇｕｍｉ	情報・通信	東証一部
4996	クミアイ化学工業	化学	東証一部
3900	クラウドワークス	情報・通信	東証マザーズ
3656	ＫＬａｂ	情報・通信	東証一部
4930	グラフィコ	化学	JASDAQ スタンダード
3405	クラレ	化学	東証一部
3632	グリー	情報・通信	東証一部
4763	クリーク・アンド・リバー社	サービス	東証一部
4017	クリーマ	情報・通信	東証マザーズ
3387	クリエイト・レストランツ・ホールディングス	小売	東証一部
6370	栗田工業	機械	東証一部
7955	クリナップ	その他製造	東証一部
9171	栗林商船	陸運・海運・空運	東証二部
3150	グリムス	卸売	東証一部
2138	クルーズ	情報・通信	JASDAQ スタンダード
2440	ぐるなび	サービス	東証一部

[5] 2021 年５月６日に本社所在地を東京都から神奈川県へ移転しています。

6541	グレイステクノロジー	サービス	東証一部
9698	クレオ	情報・通信	JASDAQ スタンダード
4674	クレスコ	情報・通信	東証一部
8253	クレディセゾン	その他金融	東証一部
4023	クレハ	化学	東証一部
3936	グローバルウェイ	情報・通信	東証マザーズ
6189	グローバルグループ	サービス	東証一部
7625	グローバルダイニング	小売	東証二部
6557	ｇｌｏｂａｌ ｂｒｉｄｇｅ ＨＯＬＤＩＮＧＳ	サービス	TOKYO PRO Market
3486	グローバル・リンク・マネジメント	不動産	東証一部
7990	グローブライド	その他製造	東証一部
2307	クロスキャット	情報・通信	東証一部
3675	クロス・マーケティンググループ	情報・通信	東証一部
1663	Ｋ＆Ｏエナジーグループ	鉱業	東証一部
4189	ＫＨネオケム	化学	東証一部
9687	ＫＳＫ	情報・通信	JASDAQ スタンダード
9726	ＫＮＴ－ＣＴホールディングス	サービス	東証一部
9433	ＫＤＤＩ	情報・通信	東証一部
6552	ＧａｍｅＷｉｔｈ	サービス	東証マザーズ
6249	ゲームカード・ジョイコホールディングス	機械	JASDAQ スタンダード
9856	ケーユーホールディングス	卸売	東証一部
2425	ケアサービス	サービス	JASDAQ グロース
2150	ケアネット	サービス	東証マザーズ
9008	京王電鉄	陸運・海運・空運	東証一部
9312	ケイヒン	倉庫・運輸関連	東証一部
3760	ケイブ	情報・通信	JASDAQ スタンダード
4251	恵和	化学	東証一部
7242	ＫＹＢ	輸送用機器	東証一部
6919	ケル	電気機器	JASDAQ スタンダード

2915	ケンコーマヨネーズ	食品	東証一部
9621	建設技術研究所	サービス	東証一部
2411	ゲンダイエージェンシー	情報・通信	JASDAQ スタンダード
9273	コーア商事ホールディングス	卸売	東証一部
4922	コーセー	化学	東証一部
7081	コーユーレンティア	サービス	JASDAQ スタンダード
8111	ゴールドウイン	繊維	東証一部
8871	ゴールドクレスト	不動産	東証一部
2359	コア	情報・通信	東証一部
6137	小池酸素工業	機械	東証二部
2226	湖池屋	食品	JASDAQ スタンダード
7276	小糸製作所	電気機器	東証一部
7695	交換できるくん	小売	東証マザーズ
4367	広栄化学工業	化学	東証二部
8425	興銀リース	その他金融	東証一部
7963	興研	その他製造	JASDAQ スタンダード
6297	鉱研工業	機械	JASDAQ スタンダード
7868	廣済堂	その他製造	東証一部
5976	高周波熱錬	金属製品	東証一部
4748	構造計画研究所	情報・通信	JASDAQ スタンダード
1948	弘電社	建設	東証二部
7946	光陽社	その他製造	東証二部
9274	国際紙パルプ商事	卸売	東証一部
7722	国際計測器	精密機器	JASDAQ スタンダード
2340	極楽湯ホールディングス	サービス	JASDAQ スタンダード
4167	ココペリ	情報・通信	東証マザーズ
5021	コスモエネルギーホールディングス	石油・石炭製品	東証一部
8844	コスモスイニシア	不動産	JASDAQ スタンダード
3386	コスモ・バイオ	卸売	JASDAQ スタンダード
9973	小僧寿し	小売	JASDAQ スタンダード
4222	児玉化学工業	化学	東証二部
9876	コックス	小売	JASDAQ スタンダード
7809	壽屋	その他製造	JASDAQ スタンダード
9766	コナミホールディングス	情報・通信	東証一部

4902	コニカミノルタ	電気機器	東証一部
9422	コネクシオ	情報・通信	東証一部
7689	コパ・コーポレーション	卸売	東証マザーズ
8742	小林洋行	証券、商品先物取引	東証一部
4496	コマースＯｎｅホールディングス	情報・通信	東証マザーズ
5915	駒井ハルテック	金属製品	東証一部
6301	小松製作所	機械	東証一部
3739	コムシード	情報・通信	セントレックス
1721	コムシスホールディングス	建設	東証一部
3844	コムチュア	情報・通信	東証一部
6349	小森コーポレーション	機械	東証一部
1893	五洋建設	建設	東証一部,名証一部
3908	コラボス	情報・通信	東証マザーズ
4175	ｃｏｌｙ	情報・通信	東証マザーズ
3319	ゴルフダイジェスト・オンライン	小売	東証一部
3668	コロプラ	情報・通信	東証一部
7186	コンコルディア・フィナンシャルグループ	銀行	東証一部
6574	コンヴァノ	サービス	東証マザーズ
4434	サーバーワークス	情報・通信	東証一部
3744	サイオス	情報・通信	東証二部
6031	サイジニア	サービス	東証マザーズ
4751	サイバーエージェント	サービス	東証一部
3810	サイバーステップ	情報・通信	東証二部
4493	サイバーセキュリティクラウド	情報・通信	東証マザーズ
4498	サイバートラスト	情報・通信	東証マザーズ
7069	サイバー・バズ	サービス	東証マザーズ
4312	サイバネットシステム	情報・通信	東証一部
4776	サイボウズ	情報・通信	東証一部
6769	ザインエレクトロニクス	電気機器	JASDAQ スタンダード
3996	サインポスト	情報・通信	東証一部

9986	蔵王産業	卸売	東証一部
6358	酒井重工業	機械	東証一部
7567	栄電子	卸売	JASDAQ スタンダード
6675	サクサホールディングス	電気機器	東証一部
4833	Success Holders	サービス	JASDAQ グロース
5189	櫻護謨	ゴム	東証二部
7097	さくらさくプラス	サービス	東証マザーズ
3271	ＴＨＥグローバル社	不動産	東証一部
9641	サコス	サービス	JASDAQ スタンダード
9990	サックスバー ホールディングス	小売	東証一部
3770	ザッパラス	情報・通信	東証一部
2501	サッポロホールディングス	食品	東証一部,札証
6287	サトーホールディングス	機械	東証一部
8065	佐藤商事	卸売	東証一部
1807	佐藤渡辺	建設	JASDAQ スタンダード
7420	佐鳥電機	卸売	東証一部
2180	サニーサイドアップ	サービス	東証一部
7829	サマンサタバサジャパンリミテッド	その他製造	東証マザーズ
3436	ＳＵＭＣＯ	金属製品	東証一部
8699	澤田ホールディングス	証券、商品先物取引	JASDAQ スタンダード
8097	三愛石油	卸売	東証一部
4053	Ｓｕｎ Ａｓｔｅｒｉｓｋ	情報・通信	東証マザーズ
8903	サンウッド	不動産	JASDAQ スタンダード
4234	サンエー化研	化学	JASDAQ スタンダード
3228	三栄建築設計	不動産	東証一部
8119	三栄コーポレーション	卸売	JASDAQ スタンダード
6584	三櫻工業	輸送用機器	東証一部
1961	三機工業	建設	東証一部
9065	山九	陸運・海運・空運	東証一部,福証
6417	三共	機械	東証一部
1972	三晃金属工業	建設	東証一部

7922	三光産業	その他製造	JASDAQ スタンダード
2762	三光マーケティングフーズ	小売	東証二部
4443	Ｓａｎｓａｎ	サービス	東証一部
8150	三信電気	卸売	東証一部
3277	サンセイランディック	不動産	東証一部
1960	サンテック	建設	東証二部
9989	サンドラッグ	小売	東証一部
2587	サントリー食品インターナショナル	食品	東証一部
4592	サンバイオ	医薬品	東証マザーズ
8934	サンフロンティア不動産	不動産	東証一部
1841	サンユー建設	建設	JASDAQ スタンダード
5958	三洋工業	金属製品	東証一部
8011	三陽商会	繊維	東証一部
6516	山洋電気	電気機器	東証一部
3176	三洋貿易	卸売	東証一部
8136	サンリオ	卸売	東証一部
9366	サンリツ	倉庫・運輸関連	東証一部
8137	サンワテクノス	卸売	東証一部
5929	三和ホールディングス	金属製品	東証一部
3698	ＣＲＩ・ミドルウェア	情報・通信	東証マザーズ
3458	シーアールイー	不動産	東証一部
7041	ＣＲＧホールディングス	サービス	東証マザーズ
9099	Ｃ＆Ｆロジホールディングス	陸運・海運・空運	東証一部
6633	Ｃ＆Ｇシステムズ	電気機器	東証二部
9692	シーイーシー	情報・通信	東証一部
4725	ＣＡＣ　Ｈｏｌｄｉｎｇｓ	情報・通信	東証一部
3491	ＧＡ　ｔｅｃｈｎｏｌｏｇｉｅｓ	不動産	東証マザーズ
8101	ＧＳＩクレオス	卸売	東証一部
2304	ＣＳＳホールディングス	サービス	JASDAQ スタンダード
2160	ジーエヌアイグループ	医薬品	東証マザーズ
8783	ＧＦＡ	その他金融	JASDAQ スタンダード
4784	ＧＭＯアドパートナーズ	サービス	JASDAQ スタンダード

9449	ＧＭＯインターネット	情報・通信	東証一部
3788	ＧＭＯグローバルサイン・ホールディングス	情報・通信	東証一部
6026	ＧＭＯ　ＴＥＣＨ	サービス	東証マザーズ
4051	ＧＭＯフィナンシャルゲート	情報・通信	東証マザーズ
7177	ＧＭＯフィナンシャルホールディングス	証券、商品先物取引	JASDAQ スタンダード
3769	ＧＭＯペイメントゲートウェイ	情報・通信	東証一部
3633	ＧＭＯペパボ	情報・通信	東証一部
6180	ＧＭＯメディア	サービス	東証マザーズ
3695	ＧＭＯリサーチ	情報・通信	東証マザーズ
7705	ジーエルサイエンス	精密機器	東証二部
2174	ＧＣＡ	サービス	東証一部
8921	シーズクリエイト	不動産	TOKYO PRO Market
3083	シーズメン	小売	JASDAQ スタンダード
3647	ジー・スリーホールディングス	情報・通信	東証二部
3841	ジーダット	情報・通信	JASDAQ スタンダード
7691	Ｃ　Ｃｈａｎｎｅｌ	小売	TOKYO PRO Market
7743	シード	精密機器	東証一部
6562	ジーニー	サービス	東証マザーズ
4179	ジーネクスト	情報・通信	東証マザーズ
9852	ＣＢグループマネジメント	卸売	JASDAQ スタンダード
3474	Ｇ－ＦＡＣＴＯＲＹ	不動産	東証マザーズ
2876	ジェーシー・コムサ	食品	JASDAQ スタンダード
4178	Ｓｈａｒｉｎｇ Ｉｎｎｏｖａｔｉｏｎｓ	情報・通信	東証マザーズ
2124	ジェイエイシーリクルートメント	サービス	東証一部
4185	ＪＳＲ	化学	東証一部
3779	ジェイ・エスコム　ホールディングス	情報・通信	JASDAQ スタンダード
7942	ジェイ　エス　ピー	化学	東証一部
5907	ＪＦＥコンテイナー	金属製品	東証二部

4832	ＪＦＥシステムズ	情報・通信	東証二部
5411	ジェイ エフ イー ホールディングス	鉄鋼	東証一部,名証一部
3069	ＪＦＬＡホールディングス	小売	JASDAQ スタンダード
4483	ＪＭＤＣ	情報・通信	東証マザーズ
2613	Ｊ－オイルミルズ	食品	東証一部
9896	ＪＫホールディングス	卸売	東証一部
4975	ＪＣＵ	化学	東証一部
4308	Ｊストリーム	情報・通信	東証マザーズ
4485	ＪＴＯＷＥＲ	情報・通信	東証マザーズ
7073	ジェイック	サービス	東証マザーズ
2479	ジェイテック	サービス	JASDAQ グロース
8508	Ｊトラスト	その他金融	東証二部
9889	ＪＢＣＣホールディングス	情報・通信	東証一部
3086	Ｊ．フロント リテイリング	小売	東証一部,名証一部
2721	ジェイホールディングス	卸売	JASDAQ スタンダード
7187	ジェイリース	その他金融	東証一部
3719	ジェクシード	情報・通信	JASDAQ スタンダード
9991	ジェコス	卸売	東証一部
1434	ＪＥＳＣＯホールディングス	建設	東証二部
3195	ジェネレーションパス	小売	東証マザーズ
7357	ジオコード	サービス	JASDAQ スタンダード
5282	ジオスター	窯業	東証二部
7049	識学	サービス	東証マザーズ
3914	ＪＩＧ－ＳＡＷ	情報・通信	東証マザーズ
6088	シグマクシス	サービス	東証一部
7980	重松製作所	その他製造	JASDAQ スタンダード
3679	じげん	情報・通信	東証一部
2317	システナ	情報・通信	東証一部
3677	システム情報	情報・通信	東証一部
3766	システムズ・デザイン	情報・通信	JASDAQ スタンダード
2480	システム・ロケーション	サービス	JASDAQ スタンダード
4911	資生堂	化学	東証一部
4837	シダックス	サービス	JASDAQ スタンダード
7762	シチズン時計	精密機器	東証一部

7365	シック・ホールディングス	サービス	東証マザーズ
5351	品川リフラクトリーズ	窯業	東証一部,札証
8132	シナネンホールディングス	卸売	東証一部
6072	地盤ネットホールディングス	サービス	東証マザーズ
9304	澁澤倉庫	倉庫・運輸関連	東証一部
3697	ＳＨＩＦＴ	情報・通信	東証一部
1803	清水建設	建設	東証一部,名証一部
2309	シミックホールディングス	サービス	東証一部
7482	シモジマ	卸売	東証一部
7082	ジモティー	サービス	東証マザーズ
9717	ジャステック	情報・通信	東証一部
4287	ジャストプランニング	情報・通信	JASDAQ スタンダード
8584	ジャックス	その他金融	東証一部
6445	蛇の目ミシン工業	機械	東証一部
3976	シャノン	情報・通信	東証マザーズ
7172	ジャパンインベストメントアドバイザー	その他金融	東証一部
6544	ジャパンエレベーターサービスホールディングス	サービス	東証一部
6740	ジャパンディスプレイ	電気機器	東証一部
8595	ジャフコ	証券、商品先物取引	東証一部
7408	ジャムコ	輸送用機器	東証一部
6625	ＪＡＬＣＯホールディングス	不動産	JASDAQ スタンダード
2729	ＪＡＬＵＸ	卸売	東証一部
6440	ＪＵＫＩ	機械	東証一部
3157	ジューテックホールディングス	卸売	東証一部
3179	シュッピン	小売	東証一部
7839	ＳＨＯＥＩ	その他製造	東証一部
3909	ショーケース	情報・通信	東証一部
7819	粧美堂	その他製造	東証一部
1414	ショーボンドホールディングス	建設	東証一部
8079	正栄食品工業	卸売	東証一部

8090	昭光通商	卸売	東証一部
9104	商船三井	陸運・海運・空運	東証一部
9601	松竹	情報・通信	東証一部,札証,福証
1711	省電舎ホールディングス	建設	東証二部
9475	昭文社	情報・通信	東証一部
4990	昭和化学工業	化学	東証二部
2004	昭和産業	食品	東証一部
4752	昭和システムエンジニアリング	情報・通信	JASDAQ スタンダード
4004	昭和電工	化学	東証一部
3954	昭和パックス	パルプ・紙	JASDAQ スタンダード
3710	ジョルダン	情報・通信	JASDAQ スタンダード
3907	シリコンスタジオ	情報・通信	東証マザーズ
9262	シルバーライフ	小売	東証一部
4063	信越化学工業	化学	東証一部,名証一部
7970	信越ポリマー	化学	東証一部
8421	信金中央金庫	その他金融	東証一部
3963	シンクロ・フード	情報・通信	東証一部
8141	新光商事	卸売	東証一部
7782	シンシア	精密機器	東証一部
3046	ジンズホールディングス	小売	東証一部
8303	新生銀行	銀行	東証一部
6844	新電元工業	電気機器	東証一部
3131	シンデン・ハイテックス	卸売	JASDAQ スタンダード
2776	新都ホールディングス	卸売	JASDAQ スタンダード
1952	新日本空調	建設	東証一部
5563	新日本電工	鉄鋼	東証一部
2395	新日本科学	サービス	東証一部
8893	新日本建物	不動産	JASDAQ スタンダード
6911	新日本無線	電気機器	東証一部
4582	シンバイオ製薬	医薬品	JASDAQ グロース
6507	シンフォニア テクノロジー	電気機器	東証一部
7176	シンプレクス・ファイナンシャル・ホールディングス	証券、商品先物取引	TOKYO PRO Market

6086	シンメンテホールディングス	サービス	東証マザーズ
2437	Ｓｈｉｎｗａ　Ｗｉｓｅ　Ｈｏｌｄｉｎｇｓ	サービス	JASDAQ スタンダード
4387	ＺＵＵ	情報・通信	東証マザーズ
3945	スーパーバッグ	パルプ・紙	東証二部
6694	ズーム	電気機器	JASDAQ スタンダード
6403	水道機工	機械	JASDAQ スタンダード
3197	すかいらーくホールディングス	小売	東証一部
9412	スカパーＪＳＡＴホールディングス	情報・通信	東証一部
4845	スカラ	情報・通信	東証一部
7635	杉田エース	卸売	JASDAQ スタンダード
3995	ＳＫＩＹＡＫＩ	情報・通信	東証マザーズ
9684	スクウェア・エニックス・ホールディングス	情報・通信	東証一部
7480	スズデン	卸売	東証一部
6405	鈴茂器工	機械	JASDAQ スタンダード
9360	鈴与シンワート	情報・通信	東証二部
8043	スターゼン	卸売	東証一部
8850	スターツコーポレーション	不動産	東証一部
7849	スターツ出版	情報・通信	JASDAQ スタンダード
3393	スターティアホールディングス	卸売	東証一部
2975	スター・マイカ・ホールディングス	不動産	東証一部
6923	スタンレー電気	電気機器	東証一部
6196	ストライク	サービス	東証一部
9816	ストライダーズ	不動産	JASDAQ スタンダード
3071	ストリーム	小売	東証二部
4772	ストリームメディアコーポレーション	情報・通信	JASDAQ グロース
8739	スパークス・グループ	証券、商品先物取引	東証一部
4192	スパイダープラス	情報・通信	東証マザーズ

7270	ＳＵＢＡＲＵ	輸送用機器	東証一部
9632	スバル興業	サービス	東証一部
5277	スパンクリートコーポレーション	窯業	JASDAQ スタンダード
4499	Ｓｐｅｅｅ	情報・通信	JASDAQ スタンダード
7030	スプリックス	サービス	東証一部
9622	スペース	サービス	東証一部
4838	スペースシャワーネットワーク	情報・通信	JASDAQ スタンダード
1448	スペースバリューホールディングス	建設	東証一部
4487	スペースマーケット	情報・通信	東証マザーズ
7080	スポーツフィールド	サービス	東証マザーズ
1514	住石ホールディングス	鉱業	東証一部
6817	スミダコーポレーション	電気機器	東証一部
5232	住友大阪セメント	窯業	東証一部
4005	住友化学	化学	東証一部
5713	住友金属鉱山	非鉄金属	東証一部
6302	住友重機械工業	機械	東証一部
8053	住友商事	卸売	東証一部,名証一部,福証
8830	住友不動産	不動産	東証一部
4203	住友ベークライト	化学	東証一部
1911	住友林業	建設	東証一部
3998	すららネット	情報・通信	東証マザーズ
7777	スリー・ディー・マトリックス	精密機器	JASDAQ グロース
7992	セーラー万年筆	その他製造	東証二部
4548	生化学工業	医薬品	東証一部
8061	西華産業	卸売	東証一部
1898	世紀東急工業	建設	東証一部
8050	セイコーホールディングス	精密機器	東証一部
4963	星光ＰＭＣ	化学	東証一部
9734	精養軒	サービス	JASDAQ スタンダード
6460	セガサミーホールディングス	機械	東証一部
4204	積水化学工業	化学	東証一部

9878	セキド	小売	東証二部
1662	石油資源開発	鉱業	東証一部
3968	セグエグループ	情報・通信	東証一部
7758	セコニックホールディングス	機械	東証二部
9735	セコム	サービス	東証一部
9640	セゾン情報システムズ	情報・通信	JASDAQ スタンダード
3741	セック	情報・通信	東証一部
4689	Ｚホールディングス	情報・通信	東証一部
3057	ゼットン	小売	セントレックス
4492	ゼネテック	情報・通信	JASDAQ スタンダード
3224	ゼネラル・オイスター	小売	東証マザーズ
4293	セプテーニ・ホールディングス	サービス	JASDAQ スタンダード
7464	セフテック	卸売	JASDAQ スタンダード
3382	セブン＆アイ・ホールディングス	小売	東証一部
6626	ＳＥＭＩＴＥＣ	電気機器	JASDAQ スタンダード
4999	セメダイン	化学	東証二部
6199	セラク	サービス	東証一部
4559	ゼリア新薬工業	医薬品	東証一部
7776	セルシード	精密機器	JASDAQ グロース
4880	セルソース	医薬品	東証マザーズ
7367	セルム	サービス	JASDAQ スタンダード
3696	セレス	情報・通信	東証一部
9625	セレスポ	サービス	JASDAQ スタンダード
7164	全国保証	その他金融	東証一部
7550	ゼンショーホールディングス	小売	東証一部
8898	センチュリー２１・ジャパン	不動産	JASDAQ スタンダード
2374	セントケア・ホールディング	サービス	東証一部
4044	セントラル硝子	化学	東証一部
9740	セントラル警備保障	サービス	東証一部
4801	セントラルスポーツ	サービス	東証一部
3238	セントラル総合開発	不動産	東証二部
6540	船場	サービス	東証一部
8410	セブン銀行	銀行	東証一部

3929	ソーシャルワイヤー	情報・通信	東証マザーズ
4344	ソースネクスト	情報・通信	東証一部
4565	そーせいグループ	医薬品	東証マザーズ
8158	ソーダニッカ	卸売	東証一部
2186	ソーバル	サービス	JASDAQ スタンダード
4972	綜研化学	化学	JASDAQ スタンダード
2331	綜合警備保障	サービス	東証一部
2768	双日	卸売	東証一部
6938	双信電機	電気機器	東証一部
6553	ソウルドアウト	サービス	東証一部
3634	ソケッツ	情報・通信	東証二部
6758	ソニーグループ	電気機器	東証一部
7902	ソノコム	その他製造	JASDAQ スタンダード
3371	ソフトクリエイトホールディングス	情報・通信	東証一部
9434	ソフトバンク	情報・通信	東証一部
9984	ソフトバンクグループ	情報・通信	東証一部
2321	ソフトフロントホールディングス	情報・通信	JASDAQ グロース
3671	ソフトマックス	情報・通信	東証マザーズ
8152	ソマール	卸売	東証二部
6197	ソラスト	サービス	東証一部
3040	ソリトンシステムズ	情報・通信	東証一部
4284	ソルクシーズ	情報・通信	東証一部
4597	ソレイジア・ファーマ	医薬品	東証マザーズ
9867	ソレキア	卸売	JASDAQ スタンダード
8630	ＳＯＭＰＯホールディングス	保険	東証一部
7458	第一興商	卸売	東証一部
4568	第一三共	医薬品	東証一部
8059	第一実業	卸売	東証一部
8746	第一商品	証券、商品先物取引	JASDAQ スタンダード
8750	第一生命ホールディングス	保険	東証一部
2215	第一屋製パン	食品	東証一部
4653	ダイオーズ	サービス	東証一部

3880	大王製紙	パルプ・紙	東証一部
1979	大気社	建設	東証一部
8023	大興電子通信	卸売	東証二部
6993	大黒屋ホールディングス	小売	東証二部
9979	大庄	小売	東証一部
4581	大正製薬ホールディングス	医薬品	東証一部
4629	大伸化学	化学	JASDAQ スタンダード
1904	大成温調	建設	JASDAQ スタンダード
1801	大成建設	建設	東証一部,名証一部
1712	ダイセキ環境ソリューション	建設	東証一部,名証一部
3205	ダイドーリミテッド	繊維	東証一部,名証一部
1878	大東建託	建設	東証一部,名証一部
9367	大東港運	倉庫・運輸関連	JASDAQ スタンダード
6743	大同信号	電気機器	東証二部
3202	ダイトウボウ	繊維	東証一部,名証一部
2675	ダイナックホールディングス	小売	東証二部
4116	大日精化工業	化学	東証一部
3551	ダイニック	繊維	東証一部
7912	大日本印刷	その他製造	東証一部
9797	大日本コンサルタント	サービス	東証二部
1968	太平電業	建設	東証一部
8835	太平洋興発	卸売	東証一部
5233	太平洋セメント	窯業	東証一部,福証
1822	大豊建設	建設	東証一部
7462	ダイヤ通商	小売	JASDAQ スタンダード
9941	太洋物産	卸売	JASDAQ スタンダード
4626	太陽ホールディングス	化学	東証一部
6976	太陽誘電	電気機器	東証一部
2883	大冷	食品	東証一部
9082	大和自動車交通	陸運・海運・空運	東証二部
8601	大和証券グループ本社	証券、商品先物取引	東証一部,名証一部
8166	タカキュー	小売	東証一部
4914	高砂香料工業	化学	東証一部

5458	高砂鐵工	鉄鋼	東証二部
1969	高砂熱学工業	建設	東証一部
8007	高島	卸売	東証一部
9087	タカセ	陸運・海運・空運	JASDAQ スタンダード
2676	高千穂交易	卸売	東証一部
1994	高橋カーテンウォール工業	建設	JASDAQ スタンダード
6424	高見沢サイバネティックス	機械	JASDAQ スタンダード
7921	宝印刷	その他製造	東証一部
7867	タカラトミー	その他製造	東証一部
8897	タカラレーベン	不動産	東証一部
2151	タケエイ	サービス	東証一部
4248	竹本容器	化学	東証一部
2987	タスキ	不動産	東証マザーズ
7239	タチエス	輸送用機器	東証一部
7989	立川ブラインド工業	金属製品	東証一部
1435	ＴＡＴＥＲＵ	建設	東証一部
1450	田中建設工業	建設	JASDAQ スタンダード
7619	田中商事	卸売	東証一部
6548	旅工房	サービス	東証マザーズ
7079	ＷＤＢココ	サービス	東証マザーズ
3068	ＷＤＩ	小売	JASDAQ スタンダード
7683	ダブルエー	小売	東証マザーズ
6619	ダブル・スコープ	電気機器	東証一部
3925	ダブルスタンダード	情報・通信	東証一部
9127	玉井商船	陸運・海運・空運	東証二部
6838	多摩川ホールディングス	電気機器	JASDAQ スタンダード
1419	タマホーム	建設	東証一部,福証
6768	タムラ製作所	電気機器	東証一部
4679	田谷	サービス	東証一部
9743	丹青社	サービス	東証一部
4397	チームスピリット	情報・通信	東証マザーズ
3962	チェンジ	情報・通信	東証一部
3933	チエル	情報・通信	JASDAQ スタンダード

6850	チノー	電気機器	東証一部
3178	チムニー	小売	東証一部
8030	中央魚類	卸売	東証二部
9476	中央経済社ホールディングス	情報・通信	JASDAQ スタンダード
1971	中央ビルト工業	金属製品	東証二部
1491	中外鉱業	非鉄金属	東証二部
4519	中外製薬	医薬品	東証一部
4617	中国塗料	化学	東証一部
1757	中小企業ホールディングス	建設	東証二部
9624	長大	サービス	東証一部
8185	チヨダ	小売	東証一部
6915	千代田インテグレ	電気機器	東証一部
2418	ツカダ・グローバルホールディング	サービス	東証一部
6101	ツガミ	機械	東証一部
8025	ツカモトコーポレーション	卸売	東証一部
8039	築地魚市場	卸売	東証二部
6332	月島機械	機械	東証一部
2978	ツクルバ	不動産	東証マザーズ
8157	都築電気	情報・通信	東証一部
6551	ツナググループ・ホールディングス	サービス	東証一部
4540	ツムラ	医薬品	東証一部
8841	テーオーシー	不動産	東証一部
4767	テー・オー・ダブリュー	サービス	東証一部
3848	データ・アプリケーション	情報・通信	JASDAQ スタンダード
3905	データセクション	情報・通信	東証マザーズ
3626	TIS	情報・通信	東証一部
4631	ＤＩＣ	化学	東証一部
4636	Ｔ＆Ｋ　ＴＯＫＡ	化学	東証一部
8795	Ｔ＆Ｄホールディングス	保険	東証一部
4319	ＴＡＣ	サービス	東証一部
6481	ＴＨＫ	機械	東証一部
3608	ＴＳＩホールディングス	繊維	東証一部
2432	ディー・エヌ・エー	サービス	東証一部

9782	ディーエムエス	サービス	JASDAQ スタンダード
6549	ディーエムソリューションズ	サービス	JASDAQ スタンダード
3686	ディー・エル・イー	情報・通信	東証一部
3738	ティーガイア	情報・通信	東証一部
3050	ＤＣＭホールディングス	小売	東証一部
9682	ＤＴＳ	情報・通信	東証一部
6762	ＴＤＫ	電気機器	東証一部
4687	ＴＤＣソフト	情報・通信	東証一部
3073	ＤＤホールディングス	小売	東証一部
6463	ＴＰＲ	機械	東証一部
9401	ＴＢＳホールディングス	情報・通信	東証一部
6775	ＴＢグループ	電気機器	東証二部
7277	ＴＢＫ	輸送用機器	東証一部
3079	ディーブイエックス	卸売	東証一部
4421	ディ・アイ・システム	情報・通信	JASDAQ スタンダード
6803	ティアック	電気機器	東証一部
3245	ディア・ライフ	不動産	東証一部
3652	ディジタルメディアプロフェッショナル	情報・通信	東証マザーズ
6146	ディスコ	機械	東証一部
2379	ディップ	サービス	東証一部
3974	ティビィシィ・スキヤツト	情報・通信	JASDAQ スタンダード
7501	ティムコ	卸売	JASDAQ スタンダード
7236	ティラド	輸送用機器	東証一部
4331	テイクアンドギヴ・ニーズ	サービス	東証一部
3302	帝国繊維	繊維	東証一部
9708	帝国ホテル	サービス	東証二部
3401	帝人	繊維	東証一部
4980	デクセリアルズ	化学	東証一部
3089	テクノアルファ	卸売	JASDAQ スタンダード
5217	テクノクオーツ	窯業	JASDAQ スタンダード
3666	テクノスジャパン	情報・通信	東証一部
7046	テクノスデータサイエンス・エンジニアリング	サービス	東証マザーズ
3449	テクノフレックス	金属製品	東証二部

6028	テクノプロ・ホールディングス	サービス	東証一部
3787	テクノマセマティカル	情報・通信	東証二部
1965	テクノ菱和	建設	東証二部
3762	テクマトリックス	情報・通信	東証一部
6048	デザインワン・ジャパン	サービス	東証一部
2326	デジタルアーツ	情報・通信	東証一部
3916	デジタル・インフォメーション・テクノロジー	情報・通信	東証一部
4819	デジタルガレージ	情報・通信	東証一部
3676	デジタルハーツホールディングス	情報・通信	東証一部
2389	オプトホールディング	サービス	東証一部
6337	テセック	機械	JASDAQ スタンダード
3625	テックファームホールディングス	情報・通信	JASDAQ グロース
1815	鉄建建設	建設	東証一部
2404	鉄人化計画	サービス	東証二部
1905	テノックス	建設	JASDAQ スタンダード
2477	手間いらず	サービス	東証一部
3985	テモナ	情報・通信	東証一部
3469	デュアルタップ	不動産	東証二部
2191	テラ	サービス	JASDAQ スタンダード
4987	寺岡製作所	化学	東証二部
3915	テラスカイ	情報・通信	東証一部
3392	デリカフーズホールディングス	卸売	東証一部
3356	テリロジー	卸売	JASDAQ スタンダード
4543	テルモ	精密機器	東証一部
9409	テレビ朝日ホールディングス	情報・通信	東証一部
9413	テレビ東京ホールディングス	情報・通信	東証一部
8207	テンアライド	小売	東証一部
4061	デンカ	化学	東証一部
6706	電気興業	電気機器	東証一部
6365	電業社機械製作所	機械	東証二部

9513	電源開発	電力・ガス	東証一部
6776	天昇電気工業	化学	東証二部
4324	電通グループ	サービス	東証一部
4812	電通国際情報サービス	情報・通信	東証一部
3484	テンポイノベーション	不動産	東証一部
2751	テンポスホールディングス	卸売	JASDAQ スタンダード
7958	天馬	化学	東証一部
6517	デンヨー	電気機器	東証一部
7923	トーイン	その他製造	JASDAQ スタンダード
8923	トーセイ	不動産	東証一部
5956	トーソー	金属製品	東証二部
2737	トーメンデバイス	卸売	東証一部
3946	トーモク	パルプ・紙	東証一部,札証
6369	トーヨーカネツ	機械	東証一部
3346	２１ＬＡＤＹ	小売	セントレックス
7074	トゥエンティーフォーセブン	サービス	東証マザーズ
1885	東亜建設工業	建設	東証一部
4045	東亞合成	化学	東証一部
6848	東亜ディーケーケー	電気機器	東証一部
1882	東亜道路工業	建設	東証一部
9605	東映	情報・通信	東証一部
4816	東映アニメーション	情報・通信	JASDAQ スタンダード
9380	東海運	倉庫・運輸関連	東証一部
5301	東海カーボン	窯業	東証一部
9173	東海汽船	陸運・海運・空運	東証二部
8616	東海東京フィナンシャル・ホールディングス	証券、商品先物取引	東証一部,名証一部
9005	東急	陸運・海運・空運	東証一部
1720	東急建設	建設	東証一部
3289	東急不動産ホールディングス	不動産	東証一部
9631	東急レクリエーション	サービス	東証二部
3067	東京一番フーズ	小売	東証一部
4635	東京インキ	化学	東証二部

1945	東京エネシス	建設	東証一部
8035	東京エレクトロン	電気機器	東証一部
9701	東京會舘	サービス	東証二部
8766	東京海上ホールディングス	保険	東証一部
9531	東京瓦斯	電力・ガス	東証一部,名証一部
6335	東京機械製作所	機械	東証一部
7597	東京貴宝	卸売	JASDAQ スタンダード
7173	東京きらぼしフィナンシャルグループ	銀行	東証一部
7721	東京計器	精密機器	東証一部
7719	東京衡機	精密機器	東証二部
4745	東京個別指導学院	サービス	東証一部
8070	東京産業	卸売	東証一部
6360	東京自働機械製作所	機械	東証二部
5981	東京製綱	金属製品	東証一部
5423	東京製鐵	鉄鋼	東証一部
7729	東京精密	精密機器	東証一部
8439	東京センチュリー	その他金融	東証一部
8040	東京ソワール	繊維	東証二部
8804	東京建物	不動産	東証一部
7359	東京通信	サービス	東証マザーズ
9633	東京テアトル	サービス	東証一部
9501	東京電力ホールディングス	電力・ガス	東証一部
5807	東京特殊電線	非鉄金属	東証一部
9672	東京都競馬	サービス	東証一部
3316	東京日産コンピュータシステム	卸売	JASDAQ スタンダード
3415	ＴＯＫＹＯ　ＢＡＳＥ	小売	東証一部
7815	東京ボード工業	その他製造	東証二部
8842	東京楽天地	不動産	東証一部
6617	東光高岳	電気機器	東証一部
6502	東芝	電気機器	東証一部,名証一部
6588	東芝テック	電気機器	東証一部
4042	東ソー	化学	東証一部
9960	東テク	卸売	東証一部

1835	東鉄工業	建設	東証一部
8181	東天紅	小売	東証一部
8038	東都水産	卸売	東証一部
9001	東武鉄道	陸運・海運・空運	東証一部
5975	東プレ	金属製品	東証一部
9602	東宝	情報・通信	東証一部,福証
5707	東邦亜鉛	非鉄金属	東証一部
4409	東邦化学工業	化学	東証二部
4333	東邦システムサイエンス	情報・通信	東証一部
8129	東邦ホールディングス	卸売	東証一部
7422	東邦レマック	卸売	JASDAQ スタンダード
2329	東北新社	情報・通信	JASDAQ スタンダード
4634	東洋インキＳＣホールディングス	化学	東証一部
1890	東洋建設	建設	東証一部
4970	東洋合成工業	化学	JASDAQ スタンダード
8614	東洋証券	証券、商品先物取引	東証一部
2875	東洋水産	食品	東証一部
5901	東洋製罐グループホールディングス	金属製品	東証一部
2107	東洋精糖	食品	東証一部
8151	東陽テクニカ	卸売	東証一部
6505	東洋電機製造	電気機器	東証一部
4976	東洋ドライルーブ	化学	JASDAQ スタンダード
9351	東洋埠頭	倉庫・運輸関連	東証一部
3402	東レ	繊維	東証一部
3329	東和フードサービス	小売	JASDAQ スタンダード
5714	ＤＯＷＡホールディングス	非鉄金属	東証一部,名証一部,札証,福証
3708	特種東海製紙	パルプ・紙	東証一部
4043	トクヤマ	化学	東証一部
2761	トシン・グループ	卸売	JASDAQ スタンダード
1860	戸田建設	建設	東証一部

7911	凸版印刷	その他製造	東証一部
7862	トッパン・フォームズ	その他製造	東証一部
3087	ドトール・日レスホールディングス	小売	東証一部
7472	鳥羽洋行	卸売	JASDAQ スタンダード
7231	トピー工業	輸送用機器	東証一部,名証一部
1805	飛島建設	建設	東証一部
7732	トプコン	精密機器	東証一部
8147	トミタ	卸売	JASDAQ スタンダード
3878	巴川製紙所	パルプ・紙	東証一部
1921	巴コーポレーション	建設	東証一部,札証
6309	巴工業	機械	東証一部
7184	富山第一銀行	銀行	東証一部
4058	トヨクモ	情報・通信	東証マザーズ
4840	トライアイズ	サービス	JASDAQ グロース
3651	トライアンフコーポレーション	情報・通信	TOKYO PRO Market
2178	トライステージ	サービス	東証マザーズ
2154	トラスト・テック	サービス	東証一部
5070	ドラフト	建設	東証マザーズ
7818	トランザクション	その他製造	東証一部
9715	トランス・コスモス	サービス	東証一部
4310	ドリームインキュベータ	サービス	東証一部
4551	鳥居薬品	医薬品	東証一部
3793	ドリコム	情報・通信	東証マザーズ
3397	トリドールホールディングス	小売	東証一部
6695	トリプルワン	電気機器	TOKYO PRO Market
3997	トレードワークス	情報・通信	JASDAQ スタンダード
8704	トレイダーズホールディングス	証券、商品先物取引	JASDAQ スタンダード
3093	トレジャー・ファクトリー	小売	東証一部
6616	トレックス・セミコンダクター	電気機器	東証一部
6069	トレンダーズ	サービス	東証マザーズ
4704	トレンドマイクロ	情報・通信	東証一部

8013	ナイガイ	繊維	東証一部
3374	内外テック	卸売	JASDAQ スタンダード
7624	ＮａＩＴＯ	卸売	JASDAQ スタンダード
7447	ナガイレーベン	卸売	東証一部
9733	ナガセ	サービス	JASDAQ スタンダード
8012	長瀬産業	卸売	東証一部
2899	永谷園ホールディングス	食品	東証一部
7715	長野計器	精密機器	東証一部
1827	ナカノフドー建設	建設	東証一部
6411	中野冷機	機械	JASDAQ スタンダード
1787	ナカボーテック	建設	JASDAQ スタンダード
8139	ナガホリ	卸売	東証二部
2204	中村屋	食品	東証一部
9663	ナガワ	サービス	東証一部
5922	那須電機鉄工	金属製品	東証二部
9788	ナック	サービス	東証一部
7674	ＮＡＴＴＹ　ＳＷＡＮＫＹ	小売	東証マザーズ
2922	なとり	食品	東証一部
6268	ナブテスコ	機械	東証一部
8085	ナラサキ産業	卸売	東証二部,札証
9275	ナルミヤ・インターナショナル	小売	東証一部
3999	ナレッジスイート	情報・通信	東証マザーズ
7399	ナンシン	輸送用機器	JASDAQ スタンダード
3562	Ｎｏ．１	卸売	JASDAQ スタンダード
3992	ニーズウェル	情報・通信	東証一部
7731	ニコン	精密機器	東証一部
7500	西川計測	卸売	JASDAQ スタンダード
1820	西松建設	建設	東証一部
9260	西本Ｗｉｓｍｅｔｔａｃホールディングス	卸売	東証一部
5393	ニチアス	窯業	東証一部
4218	ニチバン	化学	東証一部
8091	ニチモウ	卸売	東証一部
4403	日油	化学	東証一部

7578	ニチリョク	小売	JASDAQ スタンダード
2871	ニチレイ	食品	東証一部
5011	ニチレキ	石油・石炭製品	東証一部
6376	日機装	精密機器	東証一部
9767	日建工学	サービス	東証二部
9072	ニッコンホールディングス	陸運・海運・空運	東証一部
4021	日産化学	化学	東証一部
8291	日産東京販売ホールディングス	卸売	東証一部
9066	日新	倉庫・運輸関連	東証一部
2602	日清オイリオグループ	食品	東証一部
6157	日進工具	機械	東証一部
7490	日新商事	卸売	東証二部
2897	日清食品ホールディングス	食品	東証一部
2117	日新製糖	食品	東証一部
2002	日清製粉グループ本社	食品	東証一部
8881	日神不動産	不動産	東証一部
3105	日清紡ホールディングス	電気機器	東証一部
4550	日水製薬	医薬品	東証一部
6543	日宣	サービス	JASDAQ スタンダード
1444	ニッソウ	建設	セントレックス
7021	ニッチツ	機械	東証二部
4013	日通システム	情報・通信	東証マザーズ
1515	日鉄鉱業	鉱業	東証一部
2327	日鉄ソリューションズ	情報・通信	東証一部
9810	日鉄物産	卸売	東証一部
6151	日東工器	機械	東証一部
3524	日東製網	繊維	東証一部,名証一部
2003	日東富士製粉	食品	東証一部
3110	日東紡績	窯業	東証一部
1929	日特建設	建設	東証一部
7932	ニッピ	その他製造	JASDAQ スタンダード
2001	ニップン	食品	東証一部,札証
1881	ＮＩＰＰＯ	建設	東証一部,札証

6946	日本アビオニクス	電気機器	東証二部
5302	日本カーボン	窯業	東証一部
4092	日本化学工業	化学	東証一部
8174	日本瓦斯	小売	東証一部
5491	日本金属	鉄鋼	東証一部
2393	日本ケアサプライ	サービス	東証二部
5703	日本軽金属ホールディングス	非鉄金属	東証一部
5476	日本高周波鋼業	鉄鋼	東証一部
5269	日本コンクリート工業	窯業	東証一部
9386	日本コンセプト	倉庫・運輸関連	東証一部
4091	日本酸素ホールディングス	化学	東証一部
6741	日本信号	電気機器	東証一部
6471	日本精工	機械	東証一部
3863	日本製紙	パルプ・紙	東証一部
5401	日本製鉄	鉄鋼	東証一部,名証一部,札証,福証
5010	日本精蝋	石油・石炭製品	東証二部
3849	日本テクノ・ラボ	サービス	アンビシャス
2108	日本甜菜製糖	食品	東証一部
1884	日本道路	建設	東証一部
6480	日本トムソン	機械	東証一部
4119	日本ピグメント	化学	東証二部
1938	日本リーテック	建設	東証一部
5355	日本坩堝	窯業	東証二部
1429	日本アクア	建設	東証一部
3751	日本アジアグループ	情報・通信	東証一部
8518	日本アジア投資	証券、商品先物取引	東証一部
8922	日本アセットマーケティング	不動産	東証マザーズ
6930	日本アンテナ	電気機器	JASDAQ スタンダード
5202	日本板硝子	窯業	東証一部
6291	日本エアーテック	機械	東証一部
4327	日本エス・エイチ・エル	サービス	JASDAQ スタンダード
8892	日本エスコン	不動産	東証一部

6063	日本エマージェンシーアシスタンス	サービス	JASDAQ スタンダード
2127	日本M&Ａセンター	サービス	東証一部
7600	日本エム・ディ・エム	精密機器	東証一部
4829	日本エンタープライズ	情報・通信	東証一部
4716	日本オラクル	情報・通信	東証一部
4064	日本カーバイド工業	化学	東証一部
4094	日本化学産業	化学	東証二部
8032	日本紙パルプ商事	卸売	東証一部
4272	日本化薬	化学	東証一部
9728	日本管財	サービス	東証一部
3276	日本管理センター	不動産	東証一部
8301	日本銀行	銀行	JASDAQ スタンダード
9706	日本空港ビルデング	不動産	東証一部
6997	日本ケミコン	電気機器	東証一部
4539	日本ケミファ	医薬品	東証一部
3315	日本コークス工業	石油・石炭製品	東証一部
1954	日本工営	サービス	東証一部
9201	日本航空	陸運・海運・空運	東証一部
6807	日本航空電子工業	電気機器	東証一部
4973	日本高純度化学	化学	東証一部
6849	日本光電工業	電気機器	東証一部
1887	日本国土開発	建設	東証一部
4783	日本コンピュータ・ダイナミクス	情報・通信	JASDAQ スタンダード
2488	日本サード・パーティ	サービス	JASDAQ スタンダード
6958	日本シイエムケイ	電気機器	東証一部
4920	日本色材工業研究所	化学	JASDAQ スタンダード
9739	日本システムウエア	情報・通信	東証一部
8945	日本社宅サービス	不動産	東証一部
8072	日本出版貿易	卸売	JASDAQ スタンダード
8511	日本証券金融	その他金融	東証一部
2892	日本食品化工	食品	東証二部
1332	日本水産	水産・農林	東証一部

6040	日本スキー場開発	サービス	東証マザーズ
5729	日本精鉱	非鉄金属	東証二部
5631	日本製鋼所	機械	東証一部
4205	日本ゼオン	化学	東証一部
9074	日本石油輸送	陸運・海運・空運	東証一部
4041	日本曹達	化学	東証一部
7814	日本創発グループ	その他製造	JASDAQ スタンダード
2914	日本たばこ産業	食品	東証一部
3341	日本調剤	小売	東証一部
9062	日本通運	陸運・海運・空運	東証一部
9424	日本通信	情報・通信	東証一部
6977	日本抵抗器製作所	電気機器	東証二部
9404	日本テレビホールディングス	情報・通信	東証一部
1723	日本電技	建設	JASDAQ スタンダード
6701	日本電気	電気機器	東証一部
9908	日本電計	卸売	JASDAQ スタンダード
6951	日本電子	電気機器	東証一部
9432	日本電信電話	情報・通信	東証一部
1950	日本電設工業	建設	東証一部
6779	日本電波工業	電気機器	東証一部
4619	日本特殊塗料	化学	東証一部
1909	日本ドライケミカル	機械	東証一部
8697	日本取引所グループ	その他金融	東証一部,名証一部
4997	日本農薬	化学	東証一部
4095	日本パーカライジング	化学	東証一部
4781	日本ハウズイング	サービス	東証二部
1873	日本ハウスホールディングス	建設	東証一部
9414	日本ＢＳ放送	情報・通信	東証一部
5262	日本ヒューム	窯業	東証一部
3723	日本ファルコム	情報・通信	東証マザーズ
5942	日本フイルコン	金属製品	東証一部
6870	日本フェンオール	電気機器	東証二部
3512	日本フエルト	繊維	東証一部

2795	日本プリメックス	卸売	JASDAQ スタンダード
9651	日本プロセス	情報・通信	JASDAQ スタンダード
7061	日本ホスピスホールディングス	サービス	東証マザーズ
6871	日本マイクロニクス	電気機器	東証一部
2702	日本マクドナルドホールディングス	小売	JASDAQ スタンダード
7192	日本モーゲージサービス	その他金融	東証一部
5480	日本冶金工業	鉄鋼	東証一部
6178	日本郵政	銀行	東証一部
9101	日本郵船	陸運・海運・空運	東証一部
8056	日本ユニシス	情報・通信	東証一部
7575	日本ライフライン	卸売	東証一部
4736	日本ラッド	情報・通信	JASDAQ スタンダード
7320	日本リビング保証	その他金融	東証マザーズ
9060	日本ロジテム	陸運・海運・空運	JASDAQ スタンダード
2499	日本和装ホールディングス	サービス	東証二部
7638	ＮＥＷ　ＡＲＴ　ＨＯＬＤＩＮＧＳ	小売	JASDAQ スタンダード
6734	ニューテック	電気機器	JASDAQ スタンダード
4056	ニューラルポケット	情報・通信	東証マザーズ
6863	ニレコ	電気機器	JASDAQ スタンダード
3627	ネオス	情報・通信	東証一部
4196	ネオマーケティング	情報・通信	JASDAQ スタンダード
4764	Ｎｅｘｕｓ　Ｂａｎｋ	情報・通信	JASDAQ グロース
4346	ネクシィーズグループ	サービス	東証一部
3842	ネクストジェン	情報・通信	JASDAQ グロース
3659	ネクソン	情報・通信	東証一部
3622	ネットイヤーグループ	情報・通信	東証マザーズ
6175	ネットマーケティング	サービス	東証一部
7518	ネットワンシステムズ	情報・通信	東証一部
7985	ネポン	金属製品	東証二部
7744	ノーリツ鋼機	精密機器	東証一部

6744	能美防災	電気機器	東証一部
7879	ノダ	その他製造	東証二部
9716	乃村工藝社	サービス	東証一部
3940	ノムラシステムコーポレーション	情報・通信	東証一部
4307	野村総合研究所	情報・通信	東証一部
3231	野村不動産ホールディングス	不動産	東証一部
8604	野村ホールディングス	証券、商品先物取引	東証一部,名証一部
9845	パーカーコーポレーション	化学	東証二部
3993	ＰＫＳＨＡ Ｔｅｃｈｎｏｌｏｇｙ	情報・通信	東証マザーズ
4666	パーク二四	不動産	東証一部
2181	パーソルホールディングス	サービス	東証一部
6193	バーチャレクス・ホールディングス	サービス	東証マザーズ
6181	パートナーエージェント	サービス	東証マザーズ
7063	Birdman	サービス	東証マザーズ
4925	ハーバー研究所	化学	JASDAQ スタンダード
6324	ハーモニック・ドライブ・システムズ	機械	JASDAQ スタンダード
6192	ハイアス・アンド・カンパニー	サービス	東証マザーズ
3377	バイク王&カンパニー	卸売	東証二部
7685	ＢｕｙＳｅｌｌ Ｔｅｃｈｎｏｌｏｇｉｅｓ	卸売	東証マザーズ
3151	バイタルケーエスケー・ホールディングス	卸売	東証一部
3054	ハイパー	卸売	東証一部
3919	パイプドＨＤ	情報・通信	東証一部
7846	パイロットコーポレーション	その他製造	東証一部
7506	ハウス オブ ローゼ	卸売	東証一部
3275	ハウスコム	不動産	東証一部
7064	ハウテレビジョン	サービス	東証マザーズ
2173	博展	サービス	JASDAQ グロース

7433	伯東	卸売	東証一部
7637	白銅	卸売	東証一部
2433	博報堂ＤＹホールディングス	サービス	東証一部
9731	白洋舍	サービス	東証一部
3021	パシフィックネット	サービス	東証二部
7570	橋本総業ホールディングス	卸売	東証一部
3840	パス	情報・通信	東証二部
9232	パスコ	陸運・海運・空運	東証一部
4426	パスロジ	情報・通信	東証マザーズ
8230	はせがわ	小売	東証一部,福証
4958	長谷川香料	化学	東証一部
1808	長谷工コーポレーション	建設	東証一部
2168	パソナグループ	サービス	東証一部
3930	はてな	情報・通信	東証マザーズ
6561	ＨＡＮＡＴＯＵＲ ＪＡＰＡＮ	サービス	東証マザーズ
3174	ハピネス・アンド・ディ	小売	JASDAQ スタンダード
7552	ハピネット	卸売	東証一部
3641	パピレス	情報・通信	JASDAQ スタンダード
3030	ハブ	小売	東証一部
6497	ハマイ	機械	JASDAQ スタンダード
6131	浜井産業	機械	東証二部
4809	パラカ	不動産	東証一部
6904	原田工業	電気機器	東証一部
7817	パラマウントベッドホールディングス	その他製造	東証一部
4494	バリオセキュア	情報・通信	東証二部
6078	バリューＨＲ	サービス	東証一部
2491	バリューコマース	サービス	東証マザーズ
3931	バリューゴルフ	情報・通信	東証マザーズ
3960	バリューデザイン	サービス	東証マザーズ
4422	ＶＡＬＵＥＮＥＸ	情報・通信	東証マザーズ
9270	バリュエンスホールディングス	卸売	東証マザーズ

7995	バルカー	化学	東証一部
2467	バルクホールディングス	サービス	セントレックス
3461	パルマ	不動産	東証マザーズ
6612	バルミューダ	電気機器	東証マザーズ
3548	バロックジャパンリミテッド	小売	東証一部
4450	パワーソリューションズ	情報・通信	東証マザーズ
4393	バンク・オブ・イノベーション	情報・通信	東証マザーズ
7832	バンダイナムコホールディングス	その他製造	東証一部
6165	パンチ工業	機械	東証一部
7532	パン・パシフィック・インターナショナルホールディングス	小売	東証一部
8078	阪和興業	卸売	東証一部
3922	ＰＲ　ＴＩＭＥＳ	情報・通信	東証一部
4766	ピーエイ	サービス	東証二部
1871	ピーエス三菱	建設	東証一部
4694	ビー・エム・エル	サービス	東証一部
3981	ビーグリー	情報・通信	東証一部
3918	ＰＣＩホールディングス	情報・通信	東証一部
9629	ピー・シー・エー	情報・通信	東証一部
6696	ピースリー	電気機器	東証マザーズ
4020	ビートレンド	情報・通信	東証マザーズ
3328	ＢＥＥＮＯＳ	小売	東証一部
3559	ピーバンドットコム	卸売	東証一部
5015	ビーピー・カストロール	石油・石炭製品	東証一部
4381	ビープラッツ	情報・通信	東証マザーズ
7865	ピープル	その他製造	JASDAQ スタンダード
3986	ビーブレイクシステムズ	情報・通信	東証マザーズ
4316	ビーマップ	情報・通信	JASDAQ グロース
4382	ＨＥＲＯＺ	情報・通信	東証一部
3452	ビーロット	不動産	東証マザーズ
4337	ぴあ	サービス	東証一部
7066	ピアズ	サービス	東証マザーズ

7044	ピアラ	サービス	東証一部
2268	Ｂ－Ｒ サーティワン アイスクリーム	食品	JASDAQ スタンダード
9020	東日本旅客鉄道	陸運・海運・空運	東証一部
9435	光通信	情報・通信	東証一部
3948	光ビジネスフォーム	パルプ・紙	JASDAQ スタンダード
3416	ピクスタ	小売	東証マザーズ
2743	ピクセルカンパニーズ	卸売	JASDAQ スタンダード
4490	ビザスク	情報・通信	東証マザーズ
4828	ビジネスエンジニアリング	情報・通信	東証一部
2464	ビジネス・ブレークスルー	サービス	東証一部
9658	ビジネスブレイン太田昭和	情報・通信	東証一部
9263	ビジョナリーホールディングス	小売	JASDAQ スタンダード
4194	ビジョナル	情報・通信	東証マザーズ
9416	ビジョン	情報・通信	東証一部
7956	ピジョン	その他製造	東証一部
4383	ビズライト・テクノロジー	情報・通信	TOKYO PRO Market
5486	日立金属	鉄鋼	東証一部
6305	日立建機	機械	東証一部
6501	日立製作所	電気機器	東証一部,名証一部
9086	日立物流	陸運・海運・空運	東証一部
3048	ビックカメラ	小売	東証一部
2338	ビットワングループ	情報・通信	東証二部
4433	ヒト・コミュニケーションズ・ホールディングス	情報・通信	東証一部
1413	ヒノキヤグループ	建設	東証一部
7205	日野自動車	輸送用機器	東証一部,名証一部
2469	ヒビノ	サービス	JASDAQ スタンダード
1982	日比谷総合設備	建設	東証一部
3180	ビューティガレージ	卸売	東証一部
6575	ヒューマン・アソシエイツ・ホールディングス	サービス	東証マザーズ

7361	ヒューマンクリエイションホールディングス	サービス	東証マザーズ
2415	ヒューマンホールディングス	サービス	JASDAQ スタンダード
3003	ヒューリック	不動産	東証一部
7863	平賀	その他製造	JASDAQ スタンダード
5821	平河ヒューテック	非鉄金属	東証一部
6258	平田機工	機械	東証一部
2764	ひらまつ	小売	東証一部
7781	平山ホールディングス	精密機器	JASDAQ スタンダード
3623	ビリングシステム	情報・通信	東証マザーズ
6806	ヒロセ電機	電気機器	東証一部
3284	フージャースホールディングス	不動産	東証一部
3927	フーバーブレイン	情報・通信	東証マザーズ
1430	ファーストコーポレーション	建設	東証一部
3454	ファーストブラザーズ	不動産	東証一部
6037	ファーストロジック	サービス	東証一部
2796	ファーマライズホールディングス	小売	東証一部
3649	ファインデックス	情報・通信	東証一部
7092	Fast Fitness Japan	サービス	東証マザーズ
2461	ファンコミュニケーションズ	サービス	東証一部
3137	ファンデリー	小売	東証マザーズ
3266	ファンドクリエーショングループ	不動産	JASDAQ スタンダード
4881	ファンペップ	医薬品	東証マザーズ
4052	フィーチャ	情報・通信	東証マザーズ
7068	フィードフォース	サービス	東証マザーズ
2767	フィールズ	卸売	東証一部
3807	フィスコ	情報・通信	JASDAQ グロース
3687	フィックスターズ	情報・通信	東証一部
1436	フィット	建設	東証マザーズ
3267	フィル・カンパニー	建設	東証一部
8789	フィンテック グローバル	その他金融	東証二部

3681	ブイキューブ	情報・通信	東証一部
3489	フェイスネットワーク	不動産	東証一部
2736	フェスタリアホールディングス	小売	JASDAQ スタンダード
6890	フェローテックホールディングス	電気機器	JASDAQ スタンダード
4662	フォーカスシステムズ	情報・通信	東証一部
2330	フォーサイド	情報・通信	JASDAQ スタンダード
7089	フォースタートアップス	サービス	東証マザーズ
8275	フォーバル	卸売	東証一部
9445	フォーバルテレコム	情報・通信	東証二部
9423	フォーバル・リアルストレート	情報・通信	JASDAQ スタンダード
7088	フォーラムエンジニアリング	サービス	東証一部
6794	フォスター電機	電気機器	東証一部
2323	ｆｏｎｆｕｎ	情報・通信	JASDAQ スタンダード
6960	フクダ電子	電気機器	JASDAQ スタンダード
5212	不二硝子	窯業	JASDAQ スタンダード
5803	フジクラ	非鉄金属	東証一部
4620	藤倉化成	化学	東証一部
5121	藤倉ゴム工業	ゴム	東証一部
5009	富士興産	卸売	東証一部
6474	不二越	機械	東証一部
3138	富士山マガジンサービス	小売	東証マザーズ
4554	富士製薬工業	医薬品	東証一部
5017	富士石油	石油・石炭製品	東証一部
6188	富士ソフトサービスビューロ	サービス	JASDAQ スタンダード
6167	富士ダイス	機械	東証一部
9722	藤田観光	サービス	東証一部
6702	富士通	電気機器	東証一部,名証一部
6504	富士電機	電気機器	東証一部,名証一部,福証
8740	フジトミ	証券、商品先物取引	JASDAQ スタンダード
2114	フジ日本精糖	食品	東証二部

4901	富士フイルムホールディングス	化学	東証一部
3104	富士紡ホールディングス	繊維	東証一部
5965	フジマック	金属製品	東証二部
4676	フジ・メディア・ホールディングス	情報・通信	東証一部
7917	藤森工業	化学	東証一部
2211	不二家	食品	東証一部
5199	不二ラテックス	ゴム	JASDAQ スタンダード
7803	ブシロード	その他製造	東証マザーズ
7505	扶桑電通	卸売	東証二部
9272	ブティックス	サービス	東証マザーズ
1813	不動テトラ	建設	東証一部
4998	フマキラー	化学	東証二部
4722	フューチャー	情報・通信	東証一部
8424	芙蓉総合リース	その他金融	東証一部
3753	フライトホールディングス	情報・通信	東証二部
3750	ＦＲＡＣＴＡＬＥ	情報・通信	東証二部
7502	プラザクリエイト本社	サービス	JASDAQ スタンダード
6836	ぷらっとホーム	電気機器	東証二部
2449	プラップジャパン	サービス	JASDAQ スタンダード
2391	プラネット	サービス	JASDAQ スタンダード
6176	ブランジスタ	サービス	東証マザーズ
7840	フランスベッドホールディングス	その他製造	東証一部
7352	Ｂｒａｎｄｉｎｇ Ｅｎｇｉｎｅｅｒ	サービス	東証マザーズ
7067	ブランディングテクノロジー	サービス	東証マザーズ
4478	フリー	情報・通信	東証マザーズ
6094	フリークアウト・ホールディングス	サービス	東証マザーズ
6343	フリージア・マクロス	機械	東証二部
3843	フリービット	情報・通信	東証一部
5108	ブリヂストン	ゴム	東証一部,名証一部,福証
7039	ブリッジインターナショナル	サービス	東証マザーズ

2281	プリマハム	食品	東証一部
6238	フリュー	機械	東証一部
6550	Ｆｒｉｎｇｅ８１	サービス	東証マザーズ
5715	古河機械金属	非鉄金属	東証一部
5801	古河電気工業	非鉄金属	東証一部
4848	フルキャストホールディングス	サービス	東証一部
2159	フルスピード	サービス	東証二部
2586	フルッタフルッタ	食品	東証マザーズ
2804	ブルドックソース	食品	東証一部
7826	フルヤ金属	その他製造	JASDAQ スタンダード
4165	プレイド	情報・通信	東証マザーズ
3655	ブレインパッド	情報・通信	東証一部
4290	プレステージ・インターナショナル	サービス	東証一部
4934	プレミアアンチエイジング	化学	東証マザーズ
7199	プレミアグループ	その他金融	東証一部
2588	プレミアムウォーターホールディングス	食品	東証二部
4398	ブロードバンドセキュリティ	情報・通信	JASDAQ スタンダード
3776	ブロードバンドタワー	情報・通信	JASDAQ スタンダード
7343	ブロードマインド	保険	東証マザーズ
4347	ブロードメディア	サービス	JASDAQ スタンダード
3673	ブロードリーフ	情報・通信	東証一部
6312	フロイント産業	機械	JASDAQ スタンダード
3763	プロシップ	情報・通信	東証一部
3528	プロスペクト	不動産	東証二部
2706	ブロッコリー	その他製造	JASDAQ スタンダード
7893	プロネクサス	その他製造	東証一部
3236	プロパスト	不動産	JASDAQ スタンダード
3464	プロパティエージェント	不動産	東証一部
4389	プロパティデータバンク	情報・通信	東証マザーズ
7034	プロレド・パートナーズ	サービス	東証一部
7050	フロンティアインターナショナル	サービス	東証マザーズ

7038	フロンティア・マネジメント	サービス	東証一部
2158	ＦＲＯＮＴＥＯ	サービス	東証マザーズ
5930	文化シヤッター	金属製品	東証一部
4481	ベース	情報・通信	東証一部
6532	ベイカレント・コンサルティング	サービス	東証一部
4477	ＢＡＳＥ	情報・通信	東証マザーズ
6412	平和	機械	東証一部
9929	平和紙業	卸売	東証二部
8803	平和不動産	不動産	東証一部,名証一部,札証,福証
2656	ベクター	小売	JASDAQ スタンダード
6058	ベクトル	サービス	東証一部
1433	ベステラ	建設	東証一部
6577	ベストワンドットコム	サービス	東証マザーズ
4011	ヘッドウォータース	情報・通信	東証マザーズ
3053	ペッパーフードサービス	小売	東証一部
2412	ベネフィット・ワン	サービス	東証一部
7363	ベビーカレンダー	サービス	東証マザーズ
4587	ペプチドリーム	医薬品	東証一部
4593	ヘリオス	医薬品	東証マザーズ
6183	ベルシステム２４ホールディングス	サービス	東証一部
5290	ベルテクスコーポレーション	窯業	東証二部
7048	ベルトラ	サービス	東証マザーズ
9441	ベルパーク	情報・通信	JASDAQ スタンダード
4475	ＨＥＮＮＧＥ	情報・通信	東証マザーズ
6027	弁護士ドットコム	サービス	東証マザーズ
6745	ホーチキ	電気機器	東証一部
7047	ポート	情報・通信	東証マザーズ
7741	ＨＯＹＡ	精密機器	東証一部
4927	ポーラ・オルビスホールディングス	化学	東証一部
3657	ポールトゥウィン・ピットクルーホールディングス	情報・通信	東証マザーズ

1352	ホウスイ	卸売	東証一部
9679	ホウライ	サービス	JASDAQ スタンダード
3593	ホギメディカル	繊維	東証一部
3865	北越コーポレーション	パルプ・紙	東証一部
4992	北興化学工業	化学	東証一部
7634	星医療酸器	卸売	JASDAQ スタンダード
4274	細谷火工	化学	JASDAQ スタンダード
5902	ホッカンホールディングス	金属製品	東証一部,札証
8105	堀田丸正	卸売	東証二部
3196	ホットランド	小売	東証一部
3680	ホットリンク	情報・通信	東証マザーズ
4112	保土谷化学工業	化学	東証一部
7358	ポピンズホールディングス	サービス	東証一部
3560	ほぼ日	小売	JASDAQ スタンダード
3639	ボルテージ	情報・通信	東証一部
4115	本州化学工業	化学	東証二部
7267	本田技研工業	輸送用機器	東証一部
6826	本多通信工業	電気機器	東証一部
7190	マーキュリアインベストメント	証券、商品先物取引	東証一部
3901	マークラインズ	情報・通信	東証一部
3135	マーケットエンタープライズ	小売	東証一部
6419	マースグループホールディングス	機械	東証一部
3121	マーチャント・バンカーズ	サービス	東証二部
7844	マーベラス	情報・通信	東証一部
8908	毎日コムネット	不動産	東証一部
3928	マイネット	情報・通信	東証一部
5381	Ｍｉｐｏｘ	窯業	JASDAQ スタンダード
7925	前澤化成工業	化学	東証一部
6485	前澤給装工業	機械	東証一部
6489	前澤工業	機械	東証一部
1824	前田建設工業	建設	東証一部
1883	前田道路	建設	東証一部
6135	牧野フライス製作所	機械	東証一部

4479	マクアケ	情報・通信	東証マザーズ
6810	マクセルホールディングス	電気機器	東証一部
7095	Ｍａｃｂｅｅ　Ｐｌａｎｅｔ	サービス	東証マザーズ
4059	まぐまぐ	情報・通信	JASDAQ スタンダード
3978	マクロミル	情報・通信	東証一部
1795	マサル	建設	JASDAQ スタンダード
6454	マックス	機械	東証一部
7603	マックハウス	小売	JASDAQ スタンダード
1810	松井建設	建設	東証一部
8628	松井証券	証券、商品先物取引	東証一部
7456	松田産業	卸売	東証一部
8237	松屋	小売	東証一部
9887	松屋フーズホールディングス	小売	東証一部
8732	マネーパートナーズグループ	証券、商品先物取引	東証一部
3994	マネーフォワード	情報・通信	東証マザーズ
7033	マネジメントソリューションズ	サービス	東証一部
8698	マネックスグループ	証券、商品先物取引	東証一部
7991	マミヤ・オーピー	機械	東証二部
3494	マリオン	不動産	JASDAQ スタンダード
8252	丸井グループ	小売	東証一部
9067	丸運	陸運・海運・空運	東証一部
8613	丸三証券	証券、商品先物取引	東証一部
5982	マルゼン	金属製品	東証二部
3159	丸善ＣＨＩホールディングス	小売	東証一部
9313	丸八倉庫	倉庫・運輸関連	東証二部
1333	マルハニチロ	水産・農林	東証一部
8046	丸藤シートパイル	卸売	東証二部
7537	丸文	卸売	東証一部
8002	丸紅	卸売	東証一部,名証一部

9763	丸紅建材リース	卸売	東証一部
6316	丸山製作所	機械	東証一部
2652	まんだらけ	小売	東証二部
7688	ミアヘルサ	小売	JASDAQ スタンダード
7455	三城ホールディングス	小売	東証一部
2121	ミクシィ	サービス	東証一部
7247	ミクニ	輸送用機器	東証一部
7687	ミクリード	卸売	東証マザーズ
3169	ミサワ	小売	東証一部
8411	みずほフィナンシャルグループ	銀行	東証一部
9962	ミスミグループ本社	卸売	東証一部
7003	三井Ｅ＆Ｓホールディングス	輸送用機器	東証一部
6269	三井海洋開発	機械	東証一部
4183	三井化学	化学	東証一部
1737	三井金属エンジニアリング	建設	東証二部
5706	三井金属鉱業	非鉄金属	東証一部
1776	三井住建道路	建設	東証二部
1821	三井住友建設	建設	東証一部
8309	三井住友トラスト・ホールディングス	銀行	東証一部,名証一部
8316	三井住友フィナンシャルグループ	銀行	東証一部,名証一部
2109	三井製糖	食品	東証一部
9302	三井倉庫ホールディングス	倉庫・運輸関連	東証一部
8031	三井物産	卸売	東証一部,名証一部,札証,福証
8801	三井不動産	不動産	東証一部
8131	ミツウロコグループホールディングス	卸売	東証一部
3099	三越伊勢丹ホールディングス	小売	東証一部,福証
8593	三菱ＨＣキャピタル	その他金融	東証一部,名証一部
7976	三菱鉛筆	その他製造	東証一部
4182	三菱瓦斯化学	化学	東証一部

4188	三菱ケミカルホールディングス	化学	東証一部
8802	三菱地所	不動産	東証一部,名証一部
7211	三菱自動車工業	輸送用機器	東証一部
7011	三菱重工業	機械	東証一部,名証一部,札証,福証
8058	三菱商事	卸売	東証一部
7451	三菱食品	卸売	東証一部
5632	三菱製鋼	鉄鋼	東証一部
3864	三菱製紙	パルプ・紙	東証一部
9301	三菱倉庫	倉庫・運輸関連	東証一部
3636	三菱総合研究所	情報・通信	東証一部
6503	三菱電機	電気機器	東証一部
5711	三菱マテリアル	非鉄金属	東証一部
8306	三菱ＵＦＪフィナンシャル・グループ	銀行	東証一部,名証一部
7916	光村印刷	その他製造	東証一部
8622	水戸証券	証券、商品先物取引	東証一部
6862	ミナトホールディングス	電気機器	JASDAQ スタンダード
6495	宮入バルブ製作所	機械	東証二部
6620	宮越ホールディングス	電気機器	東証一部
3431	宮地エンジニアリンググループ	金属製品	東証一部
6265	妙徳	機械	JASDAQ スタンダード
4404	ミヨシ油脂	食品	東証一部
4238	ミライアル	化学	東証一部
1417	ミライト・ホールディングス	建設	東証一部
6563	みらいワークス	サービス	東証マザーズ
9928	ミロク情報サービス	情報・通信	東証一部
4436	ミンカブ・ジ・インフォノイド	情報・通信	東証マザーズ
3299	ムゲンエステート	不動産	東証一部
7521	ムサシ	卸売	JASDAQ スタンダード
9635	武蔵野興業	サービス	東証二部

7999	ＭＵＴＯＨホールディングス	電気機器	東証一部
7477	ムラキ	卸売	JASDAQ スタンダード
7264	ムロコーポレーション	輸送用機器	JASDAQ スタンダード
4668	明光ネットワークジャパン	サービス	東証一部
6334	明治機械	機械	東証二部
2269	明治ホールディングス	食品	東証一部
9744	メイテック	サービス	東証一部
6508	明電舎	電気機器	東証一部,名証一部
8927	明豊エンタープライズ	不動産	JASDAQ スタンダード
1717	明豊ファシリティワークス	サービス	東証一部
8103	明和産業	卸売	東証一部
8869	明和地所	不動産	東証一部
9551	メタウォーター	電力・ガス	東証一部
6172	メタップス	サービス	東証マザーズ
3815	メディア工房	情報・通信	東証マザーズ
4824	メディアシーク	情報・通信	東証マザーズ
3154	メディアスホールディングス	卸売	東証一部
3678	メディアドゥホールディングス	情報・通信	東証一部
3902	メディカル・データ・ビジョン	情報・通信	東証一部
3645	メディカルネット	情報・通信	東証マザーズ
7749	メディキット	精密機器	JASDAQ スタンダード
2370	メディネット	サービス	東証マザーズ
7459	メディパルホールディングス	卸売	東証一部
6095	メドピア	サービス	東証マザーズ
4480	メドレー	情報・通信	東証マザーズ
4385	メルカリ	情報・通信	東証マザーズ
2130	メンバーズ	サービス	東証一部
4765	モーニングスター	サービス	東証一部
8153	モスフードサービス	小売	東証一部
4883	モダリス	医薬品	東証マザーズ
4534	持田製薬	医薬品	東証一部
3912	モバイルファクトリー	情報・通信	東証一部

3664	モブキャストホールディングス	情報・通信	東証マザーズ
6647	森尾電機	電気機器	東証二部
2201	森永製菓	食品	東証一部
2264	森永乳業	食品	東証一部
4249	森六ホールディングス	化学	東証一部
3653	モルフォ	情報・通信	東証マザーズ
6630	ヤーマン	電気機器	東証一部
2267	ヤクルト本社	食品	東証一部
7677	ヤシマキザイ	卸売	東証二部
3153	八洲電機	卸売	東証一部
9324	安田倉庫	倉庫・運輸関連	東証一部
4168	ヤプリ	情報・通信	東証マザーズ
6941	山一電機	電気機器	東証一部
2212	山崎製パン	食品	東証一部
6392	ヤマダコーポレーション	機械	東証二部
4792	山田コンサルティンググループ	サービス	東証一部
9305	ヤマタネ	卸売	東証一部
9064	ヤマトホールディングス	陸運・海運・空運	東証一部
7571	ヤマノホールディングス	小売	JASDAQ スタンダード
6250	やまびこ	機械	東証一部
9888	ＵＥＸ	卸売	JASDAQ スタンダード
5741	ＵＡＣＪ	非鉄金属	東証一部
3798	ＵＬＳグループ	情報・通信	JASDAQ スタンダード
2931	ユーグレナ	化学	東証一部
3984	ユーザーローカル	情報・通信	東証一部
3966	ユーザベース	情報・通信	東証マザーズ
9418	ＵＳＥＮ－ＮＥＸＴ ＨＯＬＤＩＮＧＳ	情報・通信	東証一部
2146	ＵＴグループ	サービス	東証一部
9376	ユーラシア旅行社	サービス	JASDAQ スタンダード
8074	ユアサ商事	卸売	東証一部
4531	有機合成薬品工業	化学	東証一部

7182	ゆうちょ銀行	銀行	東証一部
2270	雪印メグミルク	食品	東証一部,札証
5013	ユシロ化学工業	石油・石炭製品	東証一部
8747	豊商事	証券、商品先物取引	JASDAQ スタンダード
2497	ユナイテッド	サービス	東証マザーズ
3557	ユナイテッド＆コレクティブ	小売	東証マザーズ
7606	ユナイテッドアローズ	小売	東証一部
3222	ユナイテッド・スーパーマーケット・ホールディングス	小売	東証一部
4486	ユナイトアンドグロウ	情報・通信	東証マザーズ
6278	ユニオンツール	機械	東証一部
2597	ユニカフェ	食品	東証一部
8113	ユニ・チャーム	化学	東証一部
6815	ユニデンホールディングス	電気機器	東証一部
6425	ユニバーサルエンターテインメント	機械	JASDAQ スタンダード
9707	ユニマットリタイアメント・コミュニティ	サービス	JASDAQ スタンダード
3800	ユニリタ	情報・通信	JASDAQ スタンダード
3858	ユビキタスＡＩコーポレーション	情報・通信	JASDAQ スタンダード
3937	Ｕｂｉｃｏｍホールディングス	情報・通信	東証一部
6662	ユビテック	電気機器	JASDAQ スタンダード
2673	夢みつけ隊	小売	JASDAQ スタンダード
6576	揚工舎	サービス	TOKYO PRO Market
2152	幼児活動研究会	サービス	JASDAQ スタンダード
2540	養命酒製造	食品	東証一部,名証一部
6800	ヨコオ	電気機器	東証一部
6841	横河電機	電気機器	東証一部
5911	横河ブリッジホールディングス	金属製品	東証一部
5101	横浜ゴム	ゴム	東証一部
1452	横浜ライト工業	建設	TOKYO PRO Market

9861	吉野家ホールディングス	小売	東証一部
2884	ヨシムラ・フード・ホールディングス	食品	東証一部
7906	ヨネックス	その他製造	東証二部
8008	ヨンドシーホールディングス	小売	東証一部
4912	ライオン	化学	東証一部
2928	ＲＩＺＡＰグループ	サービス	アンビシャス
8836	ＲＩＳＥ	不動産	JASDAQ スタンダード
6580	ライトアップ	サービス	東証マザーズ
6082	ライドオンエクスプレスホールディングス	サービス	東証一部
1926	ライト工業	建設	東証一部
7157	ライフネット生命保険	保険	東証マザーズ
2120	LIFULL	サービス	東証一部
8202	ラオックス	小売	東証二部
3031	ラクーンホールディングス	情報・通信	東証一部
3923	ラクス	情報・通信	東証一部
4384	ラクスル	サービス	東証一部
4755	楽天グループ	サービス	東証一部
3139	ラクト・ジャパン	卸売	東証一部
4060	ｒａｋｕｍｏ	情報・通信	東証マザーズ
4022	ラサ工業	化学	東証一部
3023	ラサ商事	卸売	東証一部
3857	ラック	情報・通信	JASDAQ スタンダード
9612	ラックランド	サービス	東証一部
4484	ランサーズ	情報・通信	東証マザーズ
3326	ランシステム	サービス	JASDAQ スタンダード
2981	ランディックス	不動産	東証マザーズ
3924	ランドコンピュータ	情報・通信	東証二部
8944	ランドビジネス	不動産	東証一部
3691	リアルワールド	情報・通信	東証マザーズ
6823	リオン	電気機器	東証一部
5938	ＬＩＸＩＬグループ	金属製品	東証一部,名証一部
6098	リクルートホールディングス	サービス	東証一部
8226	理経	卸売	東証二部

6462	リケン	機械	東証一部
7734	理研計器	精密機器	東証一部
4220	リケンテクノス	化学	東証一部
4526	理研ビタミン	食品	東証一部
7752	リコー	電気機器	東証一部
8566	リコーリース	その他金融	東証一部
3768	リスクモンスター	情報・通信	東証二部
4714	リソー教育	サービス	東証一部
6413	理想科学工業	機械	東証一部
5261	リソルホールディングス	サービス	東証一部
7366	ＬＩＴＡＬＩＣＯ	サービス	東証一部
4429	リックソフト	情報・通信	東証マザーズ
5690	リバーホールディングス	鉄鋼	東証二部
4445	リビン・テクノロジーズ	情報・通信	東証マザーズ
6531	リファインバース	サービス	東証マザーズ
6054	リブセンス	サービス	東証一部
4935	リベルタ	化学	JASDAQ スタンダード
4591	リボミック	医薬品	東証マザーズ
3825	リミックスポイント	情報・通信	東証二部
8140	リョーサン	卸売	東証一部
8084	菱電商事	卸売	東証一部
7453	良品計画	小売	東証一部
4685	菱友システムズ	情報・通信	JASDAQ スタンダード
8068	菱洋エレクトロ	卸売	東証一部
4708	りらいあコミュニケーションズ	サービス	東証一部
9827	リリカラ	卸売	JASDAQ スタンダード
8876	リログループ	サービス	東証一部
8200	リンガーハット	小売	東証一部,福証
2170	リンクアンドモチベーション	サービス	東証一部
6046	リンクバル	サービス	東証マザーズ
4446	Ｌｉｎｋ－Ｕ	情報・通信	東証一部
7966	リンテック	その他製造	東証一部
1400	ルーデン・ホールディングス	建設	JASDAQ グロース
8029	ルックホールディングス	繊維	東証一部

9995	ルネサスイーストン	卸売	東証一部
2378	ルネサンス	サービス	東証一部
8890	レーサム	不動産	JASDAQ スタンダード
6096	レアジョブ	サービス	東証一部
4317	レイ	サービス	JASDAQ スタンダード
8848	レオパレス２１	不動産	東証一部
3323	レカム	卸売	JASDAQ スタンダード
7697	ＲＥＸＴ	小売	JASDAQ スタンダード
3156	レスターホールディングス	卸売	東証一部
7874	レック	化学	東証一部
4286	レッグス	サービス	東証一部
7356	Retty	サービス	東証マザーズ
3350	レッド・プラネット・ジャパン	卸売	JASDAQ スタンダード
9519	レノバ	電力・ガス	東証一部
6045	レントラックス	サービス	東証マザーズ
2651	ローソン	小売	東証一部
3482	ロードスターキャピタル	不動産	東証マザーズ
8179	ロイヤルホールディングス	小売	東証一部,福証
6579	ログリー	サービス	東証マザーズ
4497	ロコガイド	情報・通信	東証マザーズ
3558	ロコンド	小売	東証マザーズ
4391	ロジザード	情報・通信	東証マザーズ
6182	ロゼッタ	サービス	東証マザーズ
4224	ロンシール工業	化学	東証二部
6298	ワイエイシイホールディングス	機械	東証一部
2693	ＹＫＴ	卸売	JASDAQ スタンダード
2798	ワイズテーブルコーポレーション	小売	東証二部
9419	ワイヤレスゲート	情報・通信	東証一部
4839	ＷＯＷＯＷ	情報・通信	東証一部
1888	若築建設	建設	東証一部
4512	わかもと製薬	医薬品	東証一部
4173	WACUL	情報・通信	東証マザーズ

9271	和心	小売	東証マザーズ
4718	早稲田アカデミー	サービス	東証一部
3199	綿半ホールディングス	小売	東証一部
7522	ワタミ	小売	東証一部
2918	わらべや日洋ホールディングス	食品	東証一部
4726	ＳＢテクノロジー	情報・通信	東証一部
7918	ヴィア・ホールディングス	小売	東証一部
6698	ヴィスコ・テクノロジーズ	電気機器	東証二部

出所：各社 HP 及びプレスリリースポータルサイト JPubb「『東京都』の上場企業一覧」

（http://www.jpubb.com/list/list.php?listed=1&pref=%E6%9D%B1%E4%BA%AC%E9%83%BD）

表 44　神奈川県の上場企業

証券コード	企業名	分類	市場
7509	アイエーグループ	小売	JASDAQ スタンダード
9909	愛光電気	卸売	JASDAQ スタンダード
7698	アイスコ	卸売	JASDAQ スタンダード
6118	アイダエンジニアリング	機械	東証一部
9600	アイネット	情報・通信	東証一部
8214	ＡＯＫＩホールディングス	小売	東証一部
9233	アジア航測	陸運・海運・空運	東証二部
1730	麻生フオームクリート	建設	JASDAQ スタンダード
3529	アツギ	繊維	東証一部
6381	アネスト岩田	機械	東証一部
7836	アビックス	その他製造	JASDAQ スタンダード
6113	アマダ	機械	東証一部
6436	アマノ	機械	東証一部
2406	アルテ サロン ホールディングス	サービス	JASDAQ スタンダード
6728	アルバック	電気機器	東証一部
3434	アルファ	金属製品	東証一部
4719	アルファシステムズ	情報・通信	東証一部
4641	アルプス技研	サービス	東証一部

9055	アルプス物流	陸運・海運・空運	東証一部
6754	アンリツ	電気機器	東証一部
7273	イクヨ	輸送用機器	東証二部
7244	市光工業	電気機器	東証一部
9880	イノテック	卸売	東証一部
6908	イリソ電子工業	電気機器	東証一部
7725	インターアクション	精密機器	東証一部
6721	ウインテスト	電気機器	東証二部
2683	魚喜	小売	東証二部
9358	宇徳	倉庫・運輸関連	東証一部
5391	エーアンドエーマテリアル	窯業	東証一部
8946	ＡＳＩＡＮ　ＳＴＡＲ	不動産	JASDAQ スタンダード
6864	エヌエフ回路設計ブロック	電気機器	JASDAQ スタンダード
6494	ＮＦＫホールディングス	機械	JASDAQ スタンダード
6943	ＮＫＫスイッチズ	電気機器	JASDAQ スタンダード
2819	エバラ食品工業	食品	東証一部
6428	オーイズミ	機械	東証一部
5987	オーネックス	金属製品	JASDAQ スタンダード
6282	オイレス工業	機械	東証一部
6822	大井電気	電気機器	JASDAQ スタンダード
3953	大村紙業	パルプ・紙	JASDAQ スタンダード
7994	オカムラ	その他製造	東証一部
6149	小田原エンジニアリング	機械	JASDAQ スタンダード
7314	小田原機器	輸送用機器	JASDAQ スタンダード
6858	小野測器	電気機器	東証一部
5218	オハラ	窯業	東証一部
6877	ＯＢＡＲＡ　ＧＲＯＵＰ	電気機器	東証一部
4564	オンコセラピー・サイエンス	医薬品	東証マザーズ
7256	河西工業	輸送用機器	東証一部
7421	カッパ・クリエイト	小売	東証一部
9081	神奈川中央交通	陸運・海運・空運	東証一部
5819	カナレ電気	非鉄金属	東証一部
3904	カヤック	情報・通信	東証マザーズ

7690	カレント自動車	卸売	TOKYO PRO Market
5935	元旦ビューティ工業	金属製品	JASDAQ スタンダード
6912	菊水電子工業	電気機器	JASDAQ スタンダード
6613	QD レーザ	電気機器	東証マザーズ
6742	京三製作所	電気機器	東証一部
1764	工藤建設	建設	東証二部
5187	クリエートメディック	精密機器	東証一部
3148	クリエイトＳＤホールディングス	小売	東証一部
4171	グローバルインフォメーション	情報・通信	JASDAQ スタンダード
7726	黒田精工	機械	東証二部
9006	京浜急行電鉄	陸運・海運・空運	東証一部
3635	コーエーテクモホールディングス	情報・通信	東証一部
3098	ココカラファイン	小売	東証一部
7494	コナカ	小売	東証一部
7616	コロワイド	小売	東証一部
2452	コンピュータマインド	情報・通信	TOKYO PRO Market
8254	さいか屋	小売	東証二部
3852	サイバーコム	情報・通信	東証一部
1377	サカタのタネ	水産・農林	東証一部
5194	相模ゴム工業	ゴム	東証二部
7623	サンオータス	小売	JASDAQ スタンダード
3441	山王	金属製品	JASDAQ スタンダード
7040	サン・ライフホールディング	サービス	JASDAQ スタンダード
4826	ＣＩＪ	情報・通信	東証一部
4926	シーボン	化学	東証一部
5704	ＪＭＣ	非鉄金属	東証マザーズ
6632	ＪＶＣケンウッド	電気機器	東証一部
6907	ジオマテック	電気機器	JASDAQ スタンダード
6590	芝浦メカトロニクス	電気機器	東証一部
4720	城南進学研究社	サービス	JASDAQ スタンダード
6384	昭和真空	機械	JASDAQ スタンダード

5805	昭和電線ホールディングス	非鉄金属	東証一部
6319	シンニッタン	鉄鋼	東証一部
6947	図研	電気機器	東証一部
4770	図研エルミック	情報・通信	東証二部
8089	すてきナイスグループ	卸売	東証一部
9795	ステップ	サービス	東証一部
7544	スリーエフ	小売	東証二部
9028	ゼロ	陸運・海運・空運	東証二部
7413	創健社	卸売	JASDAQ スタンダード
9003	相鉄ホールディングス	陸運・海運・空運	東証一部
6143	ソディック	機械	東証一部
6942	ソフィアホールディングス	情報・通信	JASDAQ スタンダード
1716	第一カッター興業	建設	東証一部
2481	タウンニュース社	サービス	JASDAQ スタンダード
7672	タカネットサービス	卸売	TOKYO PRO Market
6366	千代田化工建設	建設	東証二部
2398	ツクイ	サービス	東証一部
7045	ツクイスタッフ	サービス	JASDAQ スタンダード
2397	ＤＮＡチップ研究所	サービス	東証二部
4055	ティアンドエス	情報・通信	東証マザーズ
6763	帝国通信工業	電気機器	東証一部
7217	テイン	輸送用機器	JASDAQ スタンダード
6678	テクノメディカ	電気機器	東証一部
6627	テラプローブ	電気機器	東証マザーズ
3361	トーエル	小売	東証二部
5008	東亜石油	石油・石炭製品	東証二部
2760	東京エレクトロン デバイス	卸売	東証一部
4186	東京応化工業	化学	東証一部
9193	東京汽船	倉庫・運輸関連	東証二部
6772	東京コスモス電機	電気機器	東証二部
7235	東京ラヂエーター製造	輸送用機器	東証二部
4746	東計電算	情報・通信	東証一部
6379	新興プランテック	建設	東証一部

9036	東部ネットワーク	陸運・海運・空運	JASDAQ スタンダード
5727	東邦チタニウム	非鉄金属	東証一部
6042	ニッキ	輸送用機器	東証二部
1963	日揮ホールディングス	建設	東証一部
4243	ニックス	化学	JASDAQ スタンダード
7201	日産自動車	輸送用機器	東証一部
7222	日産車体	輸送用機器	東証一部
6569	日総工産	サービス	東証一部
6493	日鍛バルブ	輸送用機器	東証二部
5104	日東化工	ゴム	東証二部
5991	日本発條	金属製品	東証一部
7988	ニフコ	化学	東証一部
6356	日本ギア工業	機械	東証一部
9873	日本ＫＦＣホールディングス	小売	東証二部
5609	日本鋳造	鉄鋼	東証二部
6039	日本動物高度医療センター	サービス	東証マザーズ
3921	ネオジャパン	情報・通信	東証一部
7419	ノジマ	小売	東証一部
6254	野村マイクロ・サイエンス	機械	東証二部
5988	パイオラックス	金属製品	東証一部
4299	ハイマックス	情報・通信	東証一部
3134	Ｈａｍｅｅ	小売	東証一部
9780	ハリマビステム	サービス	JASDAQ スタンダード
7587	パルテック	卸売	東証二部
7618	ピーシーデポコーポレーション	小売	東証一部
2136	ヒップ	サービス	JASDAQ スタンダード
7215	ファルテック	輸送用機器	東証一部
4921	ファンケル	化学	東証一部
2060	フィード・ワン	食品	東証一部
7717	ブイ・テクノロジー	精密機器	東証一部
3477	フォーライフ	不動産	東証マザーズ
5940	不二サッシ	金属製品	東証二部
9749	富士ソフト	情報・通信	東証一部

6755	富士通ゼネラル	電気機器	東証一部
2336	富士テクノソリューションズ	サービス	TOKYO PRO Market
1775	富士古河Ｅ＆Ｃ	建設	東証二部
9278	ブックオフグループホールディングス	小売	東証一部
6937	古河電池	電気機器	東証一部
7246	プレス工業	輸送用機器	東証一部
9978	文教堂グループホールディングス	小売	JASDAQ スタンダード
2344	平安レイサービス	サービス	JASDAQ スタンダード
9904	ベリテ	小売	東証二部
6469	放電精密加工研究所	機械	JASDAQ スタンダード
9720	ホテル、ニューグランド	サービス	JASDAQ スタンダード
3132	マクニカ・富士エレホールディングス	卸売	東証一部
9068	丸全昭和運輸	陸運・海運・空運	東証一部
3504	丸八ホールディングス	繊維	名証二部
6331	三菱化工機	機械	東証一部
6787	メイコー	電気機器	JASDAQ スタンダード
7284	盟和産業	輸送用機器	東証一部
6659	メディアリンクス	電気機器	JASDAQ スタンダード
6240	ヤマシンフィルタ	機械	東証一部
4351	山田債権回収管理総合事務所	その他金融	JASDAQ スタンダード
6393	油研工業	機械	東証一部
5949	ユニプレス	輸送用機器	東証一部
7443	横浜魚類	卸売	JASDAQ スタンダード
8045	横浜丸魚	卸売	JASDAQ スタンダード
2874	横浜冷凍	卸売	東証一部
7294	ヨロズ	輸送用機器	東証一部
8918	ランド	不動産	東証一部
6867	リーダー電子	電気機器	JASDAQ スタンダード
4978	リプロセル	化学	JASDAQ グロース
6723	ルネサスエレクトロニクス	電気機器	東証一部
6920	レーザーテック	電気機器	東証一部

9927	ワットマン	小売	JASDAQ スタンダード

出所：各社 HP 及びプレスリリースポータルサイト JPubb「『神奈川県』の上場企業一覧」

（http://www.jpubb.com/list/list.php?listed=1&pref=%E7%A5%9E%E5%A5%88%E5%B7%9D%E7%9C%8C）

表 45　新潟県の上場企業

証券コード	企業名	分類	市場
9842	アークランドサカモト	卸売	東証一部
8255	アクシアル リテイリング	小売	東証一部
5208	有沢製作所	化学	東証一部
2904	一正蒲鉾	食品	東証一部
2221	岩塚製菓	食品	JASDAQ スタンダード
1867	植木組	建設	東証一部
7841	遠藤製作所	その他製造	JASDAQ スタンダード
3096	オーシャンシステム	小売	JASDAQ スタンダード
2220	亀田製菓	食品	東証一部
4707	キタック	サービス	JASDAQ スタンダード
8218	コメリ	小売	東証一部
5909	コロナ	金属製品	東証一部
2923	サトウ食品	食品	東証二部
9176	佐渡汽船	陸運・海運・空運	JASDAQ スタンダード
3448	清鋼材	金属製品	TOKYO PRO Market
7816	スノーピーク	その他製造	東証一部
2872	セイヒョー	食品	東証二部
4342	セコム上信越	サービス	東証二部
1799	第一建設工業	建設	JASDAQ スタンダード
8537	大光銀行	銀行	東証一部
5951	ダイニチ工業	金属製品	東証一部
6164	太陽工機	機械	JASDAQ スタンダード
7327	第四北越フィナンシャルグループ	銀行	東証一部
1828	田辺工業	建設	東証二部
6897	ツインバード工業	電気機器	東証二部
7640	トップカルチャー	小売	東証一部
9017	新潟交通	陸運・海運・空	東証二部

		運	
9408	新潟放送	情報・通信	JASDAQ スタンダード
7287	日本精機	輸送用機器	東証二部
2674	ハードオフコーポレーション	小売	東証一部
1899	福田組	建設	東証一部
2208	ブルボン	食品	東証二部
6364	北越工業	機械	東証一部
5446	北越メタル	鉄鋼	東証二部
9537	北陸瓦斯	電力・ガス	東証二部
1375	雪国まいたけ	水産・農林	東証一部
9355	リンコーコーポレーション	倉庫・運輸関連	東証二部

出所：各社 HP 及びプレスリリースポータルサイト JPubb「『新潟県』の上場企業一覧」

（http://www.jpubb.com/list/list.php?listed=1&pref=%E6%96%B0%E6%BD%9F%E7%9C%8C）

表 46　富山県の上場企業

証券コード	企業名	分類	市場
9466	アイドママーケティングコミュニケーション	情報・通信	東証一部
3951	朝日印刷	パルプ・紙	東証二部
7475	アルビス	小売	東証一部
3168	黒谷	卸売	東証一部
6905	コーセル	電気機器	東証一部
5932	三協立山	金属製品	東証一部
7888	三光合成	化学	東証一部
5757	ＣＫサンエツ	非鉄金属	東証一部
6614	シキノハイテック	電気機器	JASDAQ スタンダード
4577	ダイト	医薬品	東証一部
4242	タカギセイコー	化学	JASDAQ スタンダード
7218	田中精密工業	輸送用機器	JASDAQ スタンダード
3877	中越パルプ工業	パルプ・紙	東証一部
9070	トナミホールディングス	陸運・海運・空運	東証一部
8365	富山銀行	銀行	東証一部
4541	日医工	医薬品	東証一部

3306	日本製麻	卸売	東証二部
9361	伏木海陸運送	倉庫・運輸関連	東証二部
8377	ほくほくフィナンシャルグループ	銀行	東証一部,札証
6989	北陸電気工業	電気機器	東証一部
1930	北陸電気工事	建設	東証一部
9505	北陸電力	電力・ガス	東証一部

出所：各社 HP 及びプレスリリースポータルサイト JPubb「『富山県』の上場企業一覧」（http://www.jpubb.com/list/list.php?listed=1&pref=%E5%AF%8C%E5%B1%B1%E7%9C%8C）

表 47　石川県の上場企業

証券コード	企業名	分類	市場
6916	アイ・オー・データ機器	電気機器	東証一部
6208	石川製作所	機械	東証一部
7175	今村証券	証券、商品先物取引	JASDAQ スタンダード
7831	ウイルコホールディングス	その他製造	東証二部
6737	EIZO	電気機器	東証一部
6380	オリエンタルチエン工業	機械	東証二部
3409	北日本紡績	繊維	東証二部
5971	共和工業所	金属製品	JASDAQ スタンダード
7949	小松ウオール工業	その他製造	東証一部
3580	小松マテーレ	繊維	東証一部
7945	コマニー	その他製造	名証二部
3540	歯愛メディカル	卸売	JASDAQ スタンダード
4396	システムサポート	情報・通信	東証一部
6340	澁谷工業	機械	東証一部,名証一部
3578	倉庫精練	繊維	東証二部
6373	大同工業	機械	東証一部
8247	大和	小売	東証二部
6155	高松機械工業	機械	東証二部
6150	タケダ機械	機械	JASDAQ スタンダード
6217	津田駒工業	機械	東証一部
5343	ニッコー	窯業	名証二部
9950	ハチバン	小売	JASDAQ スタンダード

9145	ビーイングホールディングス	陸運・海運・空運	東証二部
7870	福島印刷	その他製造	名証二部
8363	北國銀行	銀行	東証一部
8285	三谷産業	卸売	証一部,名証一部

出所：各社 HP 及びプレスリリースポータルサイト JPubb「『石川県』の上場企業一覧」

（http://www.jpubb.com/list/list.php?listed=1&pref=%E7%9F%B3%E5%B7%9D%E7%9C%8C）

表 48　福井県の上場企業

証券コード	企業名	分類	市場
9685	ＫＹＣＯＭホールディングス	情報・通信	JASDAQ スタンダード
9267	Ｇｅｎｋｙ ＤｒｕｇＳｔｏｒｅｓ	小売	東証一部
3408	サカイオーベックス	繊維	東証一部
3569	セーレン	繊維	東証一部
4080	田中化学研究所	化学	JASDAQ スタンダード
4463	日華化学	化学	東証一部,名証二部
8362	福井銀行	銀行	東証一部
9790	福井コンピュータホールディングス	情報・通信	東証一部
7871	フクビ化学工業	化学	東証二部,名証二部
7646	ＰＬＡＮＴ	小売	東証一部
7821	前田工繊	その他製造	東証一部
7317	松屋アールアンドディ	輸送用機器	東証マザーズ
8066	三谷商事	卸売	東証二部
5273	三谷セキサン	窯業	東証一部
3566	ユニフォームネクスト	小売	東証マザーズ

出所：各社 HP 及びプレスリリースポータルサイト JPubb「『福井県』の上場企業一覧」

（http://www.jpubb.com/list/list.php?listed=1&pref=%E7%A6%8F%E4%BA%95%E7%9C%8C）

表 49　山梨県の上場企業

証券コード	企業名	分類	市場
6928	エノモト	電気機器	東証二部
6521	オキサイド	電気機器	東証マザーズ
6409	キトー	機械	東証一部

7810	クロスフォー	その他製造	JASDAQ スタンダード
7878	光・彩	その他製造	JASDAQ スタンダード
4369	トリケミカル研究所	化学	東証一部
6954	ファナック	電気機器	東証一部
9010	富士急行	陸運・海運・空運	東証一部
7062	フレアス	サービス	東証マザーズ
8360	山梨中央銀行	銀行	東証一部
6666	リバーエレテック	電気機器	JASDAQ スタンダード

出所：各社 HP 及びプレスリリースポータルサイト JPubb「『山梨県』の上場企業一覧」
（http://www.jpubb.com/list/list.php?listed=1&pref=%E5%B1%B1%E6%A2%A8%E7%9C%8C）

表 50　長野県の上場企業

証券コード	企業名	分類	市場
2176	イナリサーチ	サービス	JASDAQ スタンダード
5906	エムケー精工	金属製品	JASDAQ スタンダード
6099	エラン	サービス	東証一部
1866	北野建設	建設	東証一部
4547	キッセイ薬品工業	医薬品	東証一部
6881	キョウデン	電気機器	証二部
6570	共和コーポレーション	サービス	証二部
6999	ＫＯＡ	電気機器	東証一部,名証一部
6964	サンコー	電気機器	証二部
7486	サンリン	卸売	JASDAQ スタンダード
4345	シーティーエス	サービス	東証一部
6967	新光電気工業	電気機器	東証一部
6785	鈴木	電気機器	東証一部
6724	セイコーエプソン	電気機器	東証一部
8225	タカチホ	卸売	JASDAQ スタンダード
7885	タカノ	その他製造	東証一部
5283	高見澤	卸売	JASDAQ スタンダード
6432	竹内製作所	機械	東証一部
3640	電算	情報・通信	東証一部
6171	土木管理総合試験所	サービス	東証一部
8521	長野銀行	銀行	東証一部

9829	ながの東急百貨店	小売	JASDAQ スタンダード
6284	日精エー・エス・ビー機械	機械	東証一部
6293	日精樹脂工業	機械	東証一部,名証一部
8359	八十二銀行	銀行	東証一部
6866	日置電機	電気機器	東証一部
1379	ホクト	水産・農林	東証一部
6281	前田製作所	機械	JASDAQ スタンダード
8228	マルイチ産商	卸売	名証二部
6479	ミネベアミツミ	電気機器	東証一部,名証一部
6638	ミマキエンジニアリング	電気機器	東証一部
1798	守谷商会	建設	JASDAQ スタンダード
1780	ヤマウラ	建設	東証一部,名証一部

出所：各社 HP 及びプレスリリースポータルサイト JPubb「『長野県』の上場企業一覧」

（http://www.jpubb.com/list/list.php?listed=1&pref=%E9%95%B7%E9%87%8E%E7%9C%8C）

表 51　岐阜県の上場企業

証券コード	企業名	分類	市場
4062	イビデン	電気機器	東証一部,名証一部
9078	エスライン	陸運・海運・空運	東証一部,名証一部
8361	大垣共立銀行	銀行	東証一部,名証一部
3160	大光	卸売	東証一部
1438	岐阜造園	建設	名証二部
6484	ケーブイケー	機械	JASDAQ スタンダード
7883	サンメッセ	その他製造	JASDAQ スタンダード
7559	ジーエフシー	卸売	JASDAQ スタンダード
8356	十六銀行	銀行	東証一部,名証一部
3447	信和	金属製品	東証一部,名証一部
9076	セイノーホールディングス	陸運・海運・空運	東証一部,名証一部
2782	セリア	小売	JASDAQ スタンダード
7896	セブン工業	その他製造	東証二部,名証二部
7250	太平洋工業	輸送用機器	東証一部,名証一部
3630	電算システム	情報・通信	東証一部,名証一部
9729	トーカイ	サービス	東証一部

5363	東京窯業	窯業	東証一部
2139	中広	サービス	東証一部,名証一部
3851	日本一ソフトウェア	情報・通信	JASDAQ スタンダード
3895	ハビックス	パルプ・紙	JASDAQ スタンダード
9956	バローホールディングス	小売	東証一部,名証一部
1445	ひかりホールディングス	建設	TOKYO PRO Market
7514	ヒマラヤ	小売	東証一部,名証一部
6295	富士変速機	機械	名証二部
9471	文溪堂	情報・通信	名証二部
3422	丸順	金属製品	名証二部
7931	未来工業	化学	名証一部
7927	ムトー精工	化学	JASDAQ スタンダード
7213	レシップホールディングス	輸送用機器	東証一部,名証一部
6158	和井田製作所	機械	JASDAQ スタンダード

出所：各社 HP 及びプレスリリースポータルサイト JPubb「『岐阜県』の上場企業一覧」

（http://www.jpubb.com/list/list.php?listed=1&pref=%E5%B2%90%E9%98%9C%E7%9C%8C）

表 52　静岡県の上場企業

証券コード	企業名	分類	市場
5072	アートフォースジャパン	建設	TOKYO PRO Market
9964	アイ・テック	卸売	JASDAQ スタンダード
6899	ＡＳＴＩ	電気機器	東証二部
2927	ＡＦＣ－ＨＤアムスライフサイエンス	食品	JASDAQ スタンダード
7265	エイケン工業	輸送用機器	JASDAQ スタンダード
7219	エッチ・ケー・エス	輸送用機器	JASDAQ スタンダード
7296	エフ・シー・シー	輸送用機器	東証一部
6218	エンシュウ	機械	東証一部
9057	遠州トラック	陸運・海運・空運	JASDAQ スタンダード
8208	エンチョー	小売	JASDAQ スタンダード
5698	エンビプロ・ホールディングス	鉄鋼	東証一部
7952	河合楽器製作所	その他製造	東証一部
4575	キャンバス	医薬品	東証マザーズ

6874	協立電機	電気機器	JASDAQ スタンダード
3553	共和レザー	化学	東証一部
7812	クレステック	その他製造	東証二部
7255	桜井製作所	輸送用機器	JASDAQ スタンダード
4018	Ｇｅｏｌｏｃａｔｉｏｎ Ｔｅｃｈｎｏｌｏｇｙ	情報・通信	TOKYO PRO Market
9543	静岡ガス	電力・ガス	東証一部
8355	静岡銀行	銀行	東証一部
6104	芝浦機械	機械	東証一部
8364	清水銀行	銀行	東証一部
4678	秀英予備校	サービス	東証一部
8005	スクロール	小売	東証一部
7269	スズキ	輸送用機器	東証一部
7718	スター精密	機械	東証一部
8358	スルガ銀行	銀行	東証一部
6286	静甲	機械	JASDAQ スタンダード
3375	ＺＯＡ	小売	JASDAQ スタンダード
3172	ティーライフ	小売	東証二部
7228	デイトナ	輸送用機器	JASDAQ スタンダード
5945	天龍製鋸	金属製品	JASDAQ スタンダード
3167	ＴＯＫＡＩホールディングス	卸売	東証一部
5271	トーヨーアサノ	窯業	東証二部
7291	日本プラスト	輸送用機器	東証一部
2831	はごろもフーズ	食品	東証二部
9037	ハマキョウレックス	陸運・海運・空運	東証一部
6965	浜松ホトニクス	電気機器	東証一部
6894	パルステック工業	電気機器	東証二部
7299	フジオーゼックス	輸送用機器	東証二部
9890	マキヤ	小売	JASDAQ スタンダード
8198	マックスバリュ東海	小売	東証二部
6564	ミダック	サービス	東証一部,名証一部
7292	村上開明堂	輸送用機器	東証二部
2812	焼津水産化学工業	食品	東証一部
6147	ヤマザキ	機械	JASDAQ スタンダード

7951	ヤマハ	その他製造	東証一部
7272	ヤマハ発動機	輸送用機器	東証一部
7229	ユタカ技研	輸送用機器	JASDAQ スタンダード
7254	ユニバンス	輸送用機器	東証二部
5280	ヨシコン	不動産	JASDAQ スタンダード
7944	ローランド	その他製造	東証一部
6789	ローランド　ディー．ジー．	電気機器	東証一部

出所：各社 HP 及びプレスリリースポータルサイト JPubb「『静岡県』の上場企業一覧」

（http://www.jpubb.com/list/list.php?listed=1&pref=%E9%9D%99%E5%B2%A1%E7%9C%8C）

表 53　愛知県の上場企業

証券コード	企業名	分類	市場
2983	アールプランナー	不動産	東証マザーズ
4206	アイカ工業	化学	東証一部,名証一部
2722	アイケイ	小売	東証一部,名証一部
7283	愛三工業	輸送用機器	東証一部,名証一部
4667	アイサンテクノロジー	情報・通信	JASDAQ スタンダード
7259	アイシン	輸送用機器	東証一部,名証一部
8527	愛知銀行	銀行	東証一部,名証一部
5482	愛知製鋼	鉄鋼	東証一部,名証一部
6623	愛知電機	電気機器	名証一部
7723	愛知時計電機	精密機器	東証一部,名証一部
6718	アイホン	電気機器	東証一部,名証一部
9977	アオキスーパー	小売	JASDAQ スタンダード
7678	あさくま	小売	JASDAQ スタンダード
7747	朝日インテック	精密機器	東証一部,名証一部
7928	旭化学工業	化学	JASDAQ スタンダード
6111	旭精機工業	機械	名証二部
7227	アスカ	輸送用機器	名証二部
7412	アトム	小売	東証二部,名証二部
2753	あみやき亭	小売	東証一部,名証一部
3028	アルペン	小売	東証一部,名証一部
5204	石塚硝子	窯業	東証一部,名証一部
9359	伊勢湾海運	倉庫・運輸関連	名証二部
7630	壱番屋	小売	東証一部,名証一部

7266	今仙電機製作所	輸送用機器	東証一部,名証一部
8886	ウッドフレンズ	不動産	JASDAQ スタンダード,名証二部
8293	ＡＴグループ	卸売	名証二部
6565	ＡＢホテル	サービス	JASDAQ スタンダード,名証二部
3662	エイチーム	情報・通信	東証マザーズ
3260	エスポア	不動産	セントレックス
3988	ＳＹＳホールディングス	情報・通信	JASDAQ スタンダード
8891	エムジーホーム	不動産	東証二部,名証二部
7806	ＭＴＧ	その他製造	東証マザーズ
6136	オーエスジー	機械	東証一部,名証一部
6103	オークマ	機械	東証一部,名証一部
7434	オータケ	卸売	JASDAQ スタンダード
7485	岡谷鋼機	卸売	名証一部
7959	オリバー	その他製造	東証一部,名証一部
3181	買取王国	小売	JASDAQ スタンダード
3133	海帆	小売	東証マザーズ
2811	カゴメ	食品	東証一部,名証一部
5984	兼房	金属製品	東証二部,名証二部
2669	カネ美食品	小売	JASDAQ スタンダード
8076	カノークス	卸売	名証二部
1777	川崎設備工業	建設	名証二部
6036	ＫｅｅＰｅｒ技研	サービス	東証一部,名証一部
7953	菊水化学工業	その他製造	東証二部,名証二部
8160	木曽路	小売	東証一部,名証一部
9368	キムラユニティー	倉庫・運輸関連	東証一部,名証一部
7676	グッドスピード	小売	東証マザーズ
4705	クリップコーポレーション	サービス	JASDAQ スタンダード
3320	クロスプラス	卸売	東証二部,名証二部
9428	クロップス	情報・通信	東証一部,名証一部
3035	ケイティケイ	卸売	JASDAQ スタンダード
2681	ゲオホールディングス	小売	東証一部
7059	コプロ・ホールディングス	サービス	東証一部,名証一部
3543	コメダホールディングス	卸売	東証一部

2780	コメ兵	小売	東証二部,名証二部
2224	コモ	食品	JASDAQ スタンダード,名証二部
7519	五洋インテックス	卸売	JASDAQ スタンダード
2734	サーラコーポレーション	卸売	東証一部,名証一部
9446	サカイホールディングス	情報・通信	JASDAQ スタンダード
9900	サガミホールディングス	小売	東証一部,名証一部
2814	佐藤食品工業	食品	JASDAQ スタンダード
8130	サンゲツ	卸売	東証一部,名証一部
6777	サンテック	電気機器	JASDAQ スタンダード
6736	サン電子	電気機器	JASDAQ スタンダード
8904	サンヨーハウジング名古屋	不動産	東証一部,名証一部
3058	三洋堂ホールディングス	小売	JASDAQ スタンダード
6407	ＣＫＤ	機械	東証一部,名証一部
2169	ＣＤＳ	サービス	東証一部,名証一部
2694	ジー・テイスト	小売	JASDAQ スタンダード
2686	ジーフット	小売	東証一部,名証一部
2185	シイエム・シイ	サービス	JASDAQ スタンダード,名証二部
3989	シェアリングテクノロジー	情報・通信	東証マザーズ
3063	ジェイグループホールディングス	小売	東証マザーズ
6473	ジェイテクト	機械	東証一部,名証一部
3066	ＪＢイレブン	小売	名証二部
2749	ＪＰホールディングス	サービス	東証一部
3771	システムリサーチ	情報・通信	東証一部
5342	ジャニス工業	窯業	名証二部
7774	ジャパン・ティッシュ・エンジニアリング	精密機器	JASDAQ グロース
2453	ジャパンベストレスキューシステム	サービス	東証一部,名証一部
3483	翔栄	不動産	TOKYO PRO Market
9969	ショクブン	小売	東証二部,名証二部
1724	シンクレイヤ	建設	JASDAQ スタンダード
5380	新東	窯業	JASDAQ スタンダード

6339	新東工業	機械	東証一部,名証一部
5903	シンポ	金属製品	JASDAQ スタンダード
7607	進和	卸売	東証一部,名証一部
7649	スギホールディングス	小売	東証一部,名証一部
9987	スズケン	卸売	東証一部,名証一部,札証
4019	スタメン	情報・通信	東証マザーズ
5191	住友理工	ゴム	東証一部,名証一部
6267	ゼネラルパッカー	機械	JASDAQ スタンダード,名証二部
7675	セントラルフォレストグループ	卸売	名証二部
3571	ソトー	繊維	東証一部,名証一部
6430	ダイコク電機	機械	東証一部,名証一部
4649	大成	サービス	名証二部
9793	ダイセキ	サービス	東証一部,名証一部
5471	大同特殊鋼	鉄鋼	東証一部,名証一部
7245	大同メタル工業	輸送用機器	東証一部,名証一部
3947	ダイナパック	パルプ・紙	東証二部,名証二部
6342	太平製作所	機械	東証二部,名証二部
9040	大宝運輸	陸運・海運・空運	名証二部
6470	大豊工業	機械	東証一部,名証一部
1758	太洋基礎工業	建設	JASDAQ スタンダード
5918	瀧上工業	金属製品	東証二部,名証二部
9982	タキヒヨー	卸売	東証一部,名証一部
7875	竹田印刷	その他製造	東証二部,名証二部
5993	知多鋼業	金属製品	名証二部
5607	中央可鍛工業	鉄鋼	名証二部
3952	中央紙器工業	パルプ・紙	名証二部
6846	中央製作所	電気機器	名証二部
5992	中央発條	金属製品	東証一部,名証一部
4558	中京医薬品	医薬品	JASDAQ スタンダード
8530	中京銀行	銀行	東証一部,名証一部
5461	中部鋼鈑	鉄鋼	名証一部
8513	中部証券金融	その他金融	名証二部

2053	中部飼料	食品	東証一部,名証一部
8145	中部水産	卸売	名証二部
9502	中部電力	電力・ガス	東証一部,名証一部
9402	中部日本放送	情報・通信	名証一部
5386	鶴弥	窯業	東証二部,名証二部
6141	ＤＭＧ森精機	機械	東証一部
3456	ＴＳＯＮ	不動産	TOKYO PRO Market
2485	ティア	サービス	東証一部,名証一部
3782	ディー・ディー・エス	情報・通信	東証マザーズ
4576	デ・ウエスタン・セラピテクス研究所	医薬品	JASDAQ グロース
6629	テクノホライゾン	電気機器	JASDAQ スタンダード
4349	テスク	情報・通信	名証二部
6902	デンソー	輸送用機器	東証一部,名証一部
1946	トーエネック	建設	東証一部,名証一部
9444	トーシンホールディングス	情報・通信	JASDAQ スタンダード
8071	東海エレクトロニクス	卸売	名証二部
3577	東海染工	繊維	東証一部,名証一部
4430	東海ソフト	情報・通信	東証一部,名証二部
6995	東海理化電機製作所	輸送用機器	東証一部,名証一部
9022	東海旅客鉄道	陸運・海運・空運	東証一部,名証一部
1766	東建コーポレーション	建設	東証一部,名証一部
8920	東祥	サービス	東証一部,名証一部
9533	東邦瓦斯	電力・ガス	東証一部,名証一部
9306	東陽倉庫	倉庫・運輸関連	東証一部,名証一部
6655	東洋電機	電気機器	名証二部
1432	動力	建設	TOKYO PRO Market
1892	徳倉建設	建設	名証二部
4441	トビラシステムズ	情報・通信	東証一部
7282	豊田合成	輸送用機器	東証一部,名証一部
7203	トヨタ自動車	輸送用機器	東証一部,名証一部
6201	豊田自動織機	輸送用機器	東証一部,名証一部
8015	豊田通商	卸売	東証一部,名証一部
3116	トヨタ紡織	輸送用機器	東証一部,名証一部

3347	トラスト	小売	東証二部
9058	トランコム	倉庫・運輸関連	東証一部,名証一部
6382	トリニティ工業	機械	東証二部
6439	中日本鋳工	機械	名証二部
9643	中日本興業	サービス	名証二部
8522	名古屋銀行	銀行	東証一部,名証一部
9048	名古屋鉄道	陸運・海運・空運	東証一部,名証一部
6797	名古屋電機工業	電気機器	名証二部
7903	名古屋木材	卸売	名証二部
7435	ナ・デックス	卸売	JASDAQ スタンダード
4627	ナトコ	化学	JASDAQ スタンダード
7943	ニチハ	窯業	東証一部,名証一部
6271	ニッセイ	機械	東証二部,名証二部
1738	ニットー	建設	名証二部
6651	日東工業	電気機器	東証一部,名証一部
9913	日邦産業	卸売	JASDAQ スタンダード,名証二部
5333	日本碍子	窯業	東証一部,名証一部
4658	日本空調サービス	サービス	東証一部,名証一部
7102	日本車輌製造	輸送用機器	東証一部,名証一部
7950	日本デコラックス	化学	名証二部
5334	日本特殊陶業	窯業	東証一部,名証一部
3186	ネクステージ	小売	東証一部,名証一部
5331	ノリタケカンパニーリミテド	窯業	東証一部,名証一部
7467	萩原電気ホールディングス	卸売	東証一部,名証一部
7425	初穂商事	卸売	JASDAQ スタンダード
7682	浜木綿	小売	JASDAQ スタンダード,名証二部
2778	パレモ・ホールディングス	小売	東証二部,名証二部
7368	表示灯	サービス	東証二部
5994	ファインシンター	金属製品	東証二部,名証二部
4193	ファブリカコミュニケーションズ	情報・通信	JASDAQ スタンダード,名証二部
7593	ＶＴホールディングス	卸売	東証一部,名証一部

6134	ＦＵＪＩ	機械	東証一部,名証一部
9966	藤久	小売	東証一部,名証一部
6142	富士精工	機械	名証二部
5384	フジミインコーポレーテッド	窯業	東証一部,名証一部
7241	フタバ産業	輸送用機器	東証一部,名証一部
6448	ブラザー工業	電気機器	東証一部,名証一部
2424	ブラス	サービス	東証一部,名証一部
4298	プロトコーポレーション	情報・通信	東証一部,名証一部
3091	ブロンコビリー	小売	東証一部,名証一部
6203	豊和工業	機械	東証一部,名証一部
6465	ホシザキ	機械	東証一部,名証一部
4247	ポバール興業	化学	名証二部
6586	マキタ	機械	東証一部,名証一部
2551	マルサンアイ	食品	名証二部
8700	丸八証券	証券、商品先物取引	JASDAQ スタンダード
5344	ＭＡＲＵＷＡ	窯業	東証一部,名証一部
9664	御園座	サービス	名証二部
3321	ミタチ産業	卸売	東証一部,名証一部
7899	ＭＩＣＳ化学	化学	JASDAQ スタンダード
3439	三ツ知	金属製品	JASDAQ スタンダード,名証二部
5356	美濃窯業	窯業	名証二部
7220	武蔵精密工業	輸送用機器	東証一部,名証一部
9357	名港海運	倉庫・運輸関連	名証二部
1869	名工建設	建設	名証二部
3388	明治電機工業	卸売	東証一部
9077	名鉄運輸	陸運・海運・空運	名証二部
2207	名糖産業	食品	東証一部,名証一部
7076	名南Ｍ＆Ａ	サービス	名証二部
7780	メニコン	精密機器	東証一部,名証一部
6676	メルコホールディングス	電気機器	東証一部,名証一部
3097	物語コーポレーション	小売	東証一部
7488	ヤガミ	卸売	名証二部

1439	安江工務店	建設	JASDAQ スタンダード
1870	矢作建設工業	建設	東証一部,名証一部
8190	ヤマナカ	小売	名証二部
4732	ユー・エス・エス	サービス	東証一部,名証一部
2806	ユタカフーズ	食品	東証二部,名証二部
6488	ヨシタケ	機械	JASDAQ スタンダード
3221	ヨシックス	小売	東証一部,名証二部
4579	ラクオリア創薬	医薬品	JASDAQ グロース
4681	リゾートトラスト	サービス	東証一部,名証一部
3556	リネットジャパングループ	小売	東証マザーズ
5947	リンナイ	金属製品	東証一部,名証一部
4691	ワシントンホテル	サービス	東証二部,名証二部
4440	ヴィッツ	情報・通信	東証一部
2769	ヴィレッジヴァンガードコーポレーション	小売	JASDAQ スタンダード

出所：各社 HP 及びプレスリリースポータルサイト JPubb「『愛知県』の上場企業一覧」

（http://www.jpubb.com/list/list.php?listed=1&pref=%E6%84%9B%E7%9F%A5%E7%9C%8C）

表 54　三重県の上場企業

証券コード	企業名	分類	市場
3184	ＩＣＤＡホールディングス	小売	東証二部,名証二部
2788	アップルインターナショナル	卸売	東証二部
2209	井村屋グループ	食品	東証一部,名証二部
3442	ＭＩＥコーポレーション	金属製品	名証二部
2294	柿安本店	食品	東証一部
5979	カネソウ	金属製品	名証二部
6346	キクカワエンタープライズ	機械	東証二部,名証二部
6547	グリーンズ	サービス	東証一部,名証一部
7322	三十三フィナンシャルグループ	銀行	東証一部,名証一部
6055	ジャパンマテリアル	サービス	東証一部,名証一部
2902	太陽化学	食品	名証二部
6325	タカキタ	機械	東証一部,名証一部
5387	チヨダウーテ	窯業	JASDAQ スタンダード
4439	東名	情報・通信	東証一部,名証一部

9310	日本トランスシティ	倉庫・運輸関連	東証一部,名証一部
4734	ビーイング	情報・通信	JASDAQ スタンダード
8368	百五銀行	銀行	東証一部,名証一部
3232	三重交通グループホールディングス	不動産	名証一部
3353	メディカル一光	小売	JASDAQ スタンダード
7271	安永	輸送用機器	東証一部
1440	やまぜんホームズ	建設	TOKYO PRO Market

出所：各社 HP 及びプレスリリースポータルサイト JPubb「『三重県』の上場企業一覧」（http://www.jpubb.com/list/list.php?listed=1&pref=%E4%B8%89%E9%87%8D%E7%9C%8C）

表 55　滋賀県の上場企業

証券コード	企業名	分類	市場
4241	アテクト	化学	JASDAQ スタンダード
6229	オーケーエム	機械	東証二部
6914	オプテックスグループ	電気機器	東証一部
6414	川重冷熱工業	機械	JASDAQ スタンダード
1788	三東工業社	建設	JASDAQ スタンダード
8366	滋賀銀行	銀行	東証一部
4974	タカラバイオ	化学	東証一部
5214	日本電気硝子	窯業	東証一部
6406	フジテック	機械	東証一部
8276	平和堂	小売	東証一部
5644	メタルアート	鉄鋼	東証二部

出所：各社 HP 及びプレスリリースポータルサイト JPubb「『滋賀県』の上場企業一覧」（http://www.jpubb.com/list/list.php?listed=1&pref=%E6%BB%8B%E8%B3%80%E7%9C%8C）

表 56　京都府の上場企業

証券コード	企業名	分類	市場
8515	アイフル	その他金融	東証一部
2195	アミタホールディングス	サービス	JASDAQ グロース
6677	エスケーエレクトロニクス	電気機器	JASDAQ スタンダード
9143	ＳＧホールディングス	陸運・海運・空運	東証一部
6554	エスユーエス	サービス	東証マザーズ

9936	王将フードサービス	小売	東証一部
6645	オムロン	電気機器	東証一部
3376	オンリー	小売	東証一部
1897	金下建設	建設	東証二部
6837	京写	電気機器	JASDAQ スタンダード
4735	京進	サービス	東証二部
6971	京セラ	電気機器	東証一部
5966	京都機械工具	金属製品	東証二部
8369	京都銀行	銀行	東証一部
9723	京都ホテル	サービス	東証二部
3607	クラウディアホールディングス	繊維	東証一部
9049	京福電気鉄道	陸運・海運・空運	東証二部
4962	互応化学工業	化学	東証二部
4923	コタ	化学	東証一部
6387	サムコ	機械	東証一部
5985	サンコール	金属製品	東証一部
4471	三洋化成工業	化学	東証一部
6674	ジーエス・ユアサ コーポレーション	電気機器	東証一部
3480	ジェイ・エス・ビー	不動産	東証一部
3804	システム　ディ	情報・通信	JASDAQ スタンダード
7701	島津製作所	精密機器	東証一部
7979	松風	精密機器	東証一部
6658	シライ電子工業	電気機器	JASDAQ スタンダード
3192	白鳩	小売	JASDAQ スタンダード
7735	ＳＣＲＥＥＮホールディングス	電気機器	東証一部
6748	星和電機	電気機器	東証一部
4461	第一工業製薬	化学	東証一部
6640	第一精工	電気機器	東証一部
2531	宝ホールディングス	食品	東証一部
7510	たけびし	卸売	東証一部
9319	中央倉庫	倉庫・運輸関連	東証一部

7362	Ｔ．Ｓ．Ｉ	サービス	東証マザーズ
4728	トーセ	情報・通信	東証一部
6315	ＴＯＷＡ	機械	東証一部
6996	ニチコン	電気機器	東証一部
6467	ニチダイ	機械	JASDAQ スタンダード
7915	ＮＩＳＳＨＡ	その他製造	東証一部
6641	日新電機	電気機器	東証一部
5957	日東精工	金属製品	東証一部
4516	日本新薬	医薬品	東証一部
6594	日本電産	電気機器	東証一部
7974	任天堂	その他製造	東証一部
7919	野崎印刷紙業	その他製造	東証二部
3457	ハウスドゥ	不動産	東証一部
2929	ファーマフーズ	食品	東証一部
4671	ファルコホールディングス	サービス	東証一部
4295	フェイス	情報・通信	東証一部
3600	フジックス	繊維	東証二部
6654	不二電機工業	電気機器	東証一部
8462	フューチャーベンチャーキャピタル	証券、商品先物取引	JASDAQ スタンダード
6856	堀場製作所	電気機器	東証一部
7105	三菱ロジスネクスト	輸送用機器	東証一部
8115	ムーンバット	卸売	東証二部
6981	村田製作所	電気機器	東証一部
5955	ヤマシナ	金属製品	東証二部
6482	ユーシン精機	機械	東証一部
6963	ローム	電気機器	東証一部
3591	ワコールホールディングス	繊維	東証一部
4696	ワタベウェディング	サービス	東証一部

出所：各社 HP 及びプレスリリースポータルサイト JPubb「『京都府』の上場企業一覧」
（http://www.jpubb.com/list/list.php?listed=1&pref=%E4%BA%AC%E9%83%BD%E5%BA%9C）

表 57　大阪府の上場企業

証券コード	企業名	分類	市場
7692	アースインフィニティ	小売	JASDAQ スタンダード

7760	ＩＭＶ	精密機器	JASDAQ スタンダード
9854	愛眼	小売	東証一部
6820	アイコム	電気機器	東証一部
6652	ＩＤＥＣ	電気機器	東証一部
4335	アイ・ピー・エス	情報・通信	JASDAQ スタンダード
4177	ｉ－ｐｌｕｇ	情報・通信	東証マザーズ
3854	アイル	情報・通信	東証一部
3536	アクサスホールディングス	小売	JASDAQ スタンダード
5962	浅香工業	その他製造	東証二部
1852	淺沼組	建設	東証一部
3333	あさひ	小売	東証一部
5341	アサヒ衛陶	窯業	東証二部
4623	アサヒペン	化学	東証二部
9405	朝日放送グループホールディングス	情報・通信	東証一部
2911	旭松食品	食品	東証二部
3526	芦森工業	輸送用機器	東証一部
7476	アズワン	卸売	東証一部
8798	アドバンスクリエイト	保険	東証一部
6029	アトラ	サービス	東証一部
7671	ＡｍｉｄＡホールディングス	小売	東証マザーズ
4968	荒川化学工業	化学	東証一部
7305	新家工業	鉄鋼	東証一部
5933	アルインコ	金属製品	東証一部
2163	アルトナー	サービス	東証一部
5928	アルメタックス	金属製品	東証二部
4563	アンジェス	医薬品	東証マザーズ
4820	イーエムシステムズ	情報・通信	東証一部
3835	ｅＢＡＳＥ	情報・通信	東証一部
9787	イオンディライト	サービス	東証一部
8714	池田泉州ホールディングス	銀行	東証一部
4624	イサム塗料	化学	東証二部
4028	石原産業	化学	東証一部
5358	イソライト工業	窯業	東証一部
9619	イチネンホールディングス	サービス	東証一部

7972	イトーキ	その他製造	東証一部
5287	イトーヨーギョー	窯業	東証二部
2692	伊藤忠食品	卸売	東証一部
8098	稲畑産業	卸売	東証一部
9934	因幡電機産業	卸売	東証一部
3955	イムラ封筒	パルプ・紙	東証二部
3690	イルグルム	情報・通信	東証マザーズ
8707	岩井コスモホールディングス	証券、商品先物取引	東証一部
8088	岩谷産業	卸売	東証一部
9696	ウィザス	サービス	JASDAQ スタンダード
7087	ウイルテック	サービス	東証二部
4966	上村工業	化学	東証二部
9381	エーアイテイー	倉庫・運輸関連	東証一部
4088	エア・ウォーター	化学	東証一部,札証
7877	永大化工	化学	JASDAQ スタンダード
7822	永大産業	その他製造	東証一部
8242	エイチ・ツー・オー リテイリング	小売	東証一部
9857	英和	卸売	東証二部
7278	エクセディ	輸送用機器	東証一部
2206	江崎グリコ	食品	東証一部
4628	エスケー化研	化学	JASDAQ スタンダード
7608	エスケイジャパン	卸売	東証一部
5858	ＳＴＧ	非鉄金属	TOKYO PRO Market
6161	エスティック	機械	東証二部
7466	ＳＰＫ	卸売	東証一部
6859	エスペック	電気機器	東証一部
8877	エスリード	不動産	東証一部
2730	エディオン	小売	東証一部,名証一部
9709	ＮＣＳ＆Ａ	情報・通信	東証二部
6472	ＮＴＮ	機械	東証一部
6077	Ｎ・フィールド	サービス	東証一部
4771	エフアンドエム	サービス	JASDAQ スタンダード
9980	ＭＲＫホールディングス	小売	東証二部

3910	エムケイシステム	情報・通信	JASDAQ スタンダード
8163	ＳＲＳホールディングス	小売	東証一部
6750	エレコム	電気機器	東証一部
6932	遠藤照明	電気機器	東証一部
7670	オーウエル	卸売	東証二部
9637	オーエス	サービス	東証二部
6757	ＯＳＧコーポレーション	電気機器	JASDAQ スタンダード
3839	ＯＤＫソリューションズ	情報・通信	東証一部
5816	オーナンバ	非鉄金属	東証二部
3111	オーミケンシ	繊維	東証二部
8041	ＯＵＧホールディングス	卸売	東証一部
7481	尾家産業	卸売	東証一部
4356	応用技術	情報・通信	JASDAQ スタンダード
9532	大阪瓦斯	電力・ガス	東証一部,名証一部
5449	大阪製鐵	鉄鋼	東証一部
4046	大阪ソーダ	化学	東証一部
4187	大阪有機化学工業	化学	東証一部
4124	大阪油化工業	化学	JASDAQ スタンダード
2917	大森屋	食品	JASDAQ スタンダード
6294	オカダアイヨン	機械	東証一部
1833	奥村組	建設	東証一部
4528	小野薬品工業	医薬品	東証一部
6628	オンキヨーホームエンターテイメント	電気機器	JASDAQ スタンダード
7647	音通	卸売	東証二部
7360	オンデック	サービス	東証マザーズ
7855	カーディナル	その他製造	JASDAQ グロース
2301	学情	サービス	東証一部
6391	加地テック	機械	東証二部
4118	カネカ	化学	東証一部,名証一部
9697	カプコン	情報・通信	東証一部
3045	カワサキ	卸売	東証二部
7851	カワセコンピュータサプライ	その他製造	東証二部
6292	カワタ	機械	東証一部
3604	川本産業	繊維	東証二部

9503	関西電力	電力・ガス	東証一部
4613	関西ペイント	化学	東証一部
9326	関通	倉庫・運輸関連	東証マザーズ
3372	関門海	小売	東証二部
6861	キーエンス	電気機器	東証一部
9872	北恵	卸売	東証二部
3082	きちりホールディングス	小売	東証一部
6231	木村工機	機械	東証二部
3965	キャピタル・アセット・プランニング	情報・通信	東証二部
7075	ＱＬＳホールディングス	サービス	TOKYO PRO Market
5440	共英製鋼	鉄鋼	東証一部
9636	きんえい	サービス	東証二部
7122	近畿車輛	輸送用機器	東証一部
9041	近鉄グループホールディングス	陸運・海運・空運	東証一部
8244	近鉄百貨店	小売	東証一部
1944	きんでん	建設	東証一部
4318	クイック	サービス	東証一部
6558	クックビズ	サービス	東証マザーズ
6326	クボタ	機械	東証一部
7709	クボテック	精密機器	東証一部
3106	倉敷紡績	繊維	東証一部
2695	くら寿司	小売	東証一部
4240	クラスターテクノロジー	化学	JASDAQ グロース
3024	クリエイト	卸売	JASDAQ スタンダード
5602	栗本鐵工所	鉄鋼	東証一部
3355	クリヤマホールディングス	卸売	東証二部
4884	クリングルファーマ	医薬品	東証マザーズ
9850	グルメ杵屋	小売	東証一部
7997	くろがね工作所	その他製造	東証二部
3002	グンゼ	繊維	東証一部
3420	ケー・エフ・シー	金属製品	東証二部
2373	ケア２１	サービス	JASDAQ スタンダード
8818	京阪神ビルディング	不動産	東証一部

9045	京阪ホールディングス	陸運・海運・空運	東証一部
7516	コーナン商事	小売	東証一部
4097	高圧ガス工業	化学	東証一部
8617	光世証券	証券、商品先物取引	東証一部
5410	合同製鐵	鉄鋼	東証一部
9025	鴻池運輸	陸運・海運・空運	東証一部
4026	神島化学工業	窯業	東証二部
7807	幸和製作所	その他製造	JASDAQ スタンダード
7984	コクヨ	その他製造	東証一部
4956	コニシ	化学	東証一部
8077	小林産業	卸売	東証一部
4967	小林製薬	化学	東証一部
3173	Ｃｏｍｉｎｉｘ	卸売	東証一部
6639	コンテック	電気機器	東証二部
7438	コンドーテック	卸売	東証一部
4491	コンピューターマネージメント	情報・通信	JASDAQ スタンダード
2376	サイネックス	サービス	東証一部
4078	堺化学工業	化学	東証一部
9967	堺商事	卸売	東証二部
9039	サカイ引越センター	陸運・海運・空運	東証一部
4633	サカタインクス	化学	東証一部
3778	さくらインターネット	情報・通信	東証一部
9353	櫻島埠頭	倉庫・運輸関連	東証二部
6303	ササクラ	機械	東証二部
7022	サノヤスホールディングス	輸送用機器	東証一部
3950	ザ・パック	パルプ・紙	東証一部
3244	サムティ	不動産	東証二部
4887	サワイグループホールディングス	医薬品	東証一部
6230	ＳＡＮＥＩ	機械	東証二部

2134	燦キャピタルマネージメント	サービス	JASDAQ スタンダード
8138	三京化成	卸売	東証二部
8018	三共生興	卸売	東証一部
6882	三社電機製作所	電気機器	東証二部
6307	サンセイ	機械	東証二部
6357	三精テクノロジーズ	機械	東証二部
4536	参天製薬	医薬品	東証一部
9628	燦ホールディングス	サービス	東証一部
5697	サンユウ	鉄鋼	東証二部
1420	サンヨーホームズ	建設	東証一部
3187	サンワカンパニー	小売	東証マザーズ
7613	シークス	卸売	東証一部
2487	ＣＤＧ	サービス	東証一部
1739	シード平和	建設	JASDAQ グロース
6074	ジェイエスエス	サービス	JASDAQ スタンダード
3446	ジェイテックコーポレーション	金属製品	東証一部
5817	ＪＭＡＣＳ	非鉄金属	東証二部
4507	塩野義製薬	医薬品	東証一部
3109	シキボウ	繊維	東証一部
3360	シップヘルスケアホールディングス	卸売	東証一部
4428	シノプス	情報・通信	東証マザーズ
2903	シノブフーズ	食品	東証二部
7309	シマノ	輸送用機器	東証一部
6753	シャープ	電気機器	東証一部
9385	ショーエイコーポレーション	化学	東証一部
3537	昭栄薬品	卸売	JASDAQ スタンダード
8173	上新電機	小売	東証一部
3712	情報企画	情報・通信	東証二部
3961	シルバーエッグ・テクノロジー	情報・通信	東証マザーズ
6458	新晃工業	機械	東証一部
8075	神鋼商事	卸売	東証一部
6824	新コスモス電機	電気機器	JASDAQ スタンダード

3125	新内外綿	繊維	東証二部
4406	新日本理化	化学	東証一部
5990	スーパーツール	金属製品	JASDAQ スタンダード
6279	瑞光	機械	東証二部
9307	杉村倉庫	倉庫・運輸関連	東証二部
9932	杉本商事	卸売	東証一部
2305	スタジオアリス	サービス	東証一部
4599	ステムリム	医薬品	東証マザーズ
4109	ステラ　ケミファ	化学	東証一部
4888	ステラファーマ	医薬品	東証マザーズ
9417	スマートバリュー	情報・通信	東証一部
4431	スマレジ	情報・通信	東証マザーズ
4008	住友精化	化学	東証一部
9303	住友倉庫	倉庫・運輸関連	東証一部
5802	住友電気工業	非鉄金属	東証一部,名証一部,福証
1949	住友電設	建設	東証一部
3501	住江織物	繊維	東証一部
2179	成学社	サービス	JASDAQ スタンダード
7531	清和中央ホールディングス	卸売	JASDAQ スタンダード
4228	積水化成品工業	化学	東証一部
4212	積水樹脂	化学	東証一部
1928	積水ハウス	建設	東証一部,名証一部
3042	セキュアヴェイル	情報・通信	JASDAQ グロース
2611	攝津製油	食品	東証二部
8135	ゼット	卸売	東証二部
1811	錢高組	建設	東証一部
6567	ＳＥＲＩＯホールディングス	サービス	東証マザーズ
9069	センコーグループホールディングス	陸運・海運・空運	東証一部
9824	泉州電業	卸売	東証一部
8165	千趣会	小売	東証一部
2385	総医研ホールディングス	サービス	東証マザーズ
7965	象印マホービン	電気機器	東証一部
3733	ソフトウェア・サービス	情報・通信	JASDAQ スタンダード
4464	ソフト９９コーポレーション	化学	東証二部

4082	第一稀元素化学工業	化学	東証一部
9363	大運	倉庫・運輸関連	東証二部
4231	タイガースポリマー	化学	東証一部
5702	大紀アルミニウム工業所	非鉄金属	東証一部
6367	ダイキン工業	機械	東証一部
5900	ダイケン	金属製品	JASDAQ スタンダード
7775	大研医器	精密機器	東証一部
7905	大建工業	その他製造	東証一部
4574	大幸薬品	医薬品	東証一部
4750	ダイサン	サービス	東証二部
6138	ダイジェット工業	機械	東証一部
7538	大水	卸売	東証二部
1814	大末建設	建設	東証一部
4202	ダイセル	化学	東証一部
1980	ダイダン	建設	東証一部
2590	ダイドーグループホールディングス	食品	東証一部
4366	ダイトーケミックス	化学	東証二部
7609	ダイトロン	卸売	東証一部
4506	大日本住友製薬	医薬品	東証一部
4611	大日本塗料	化学	東証一部
6023	ダイハツディーゼル	輸送用機器	東証二部
8806	ダイビル	不動産	東証一部
6383	ダイフク	機械	東証一部
6622	ダイヘン	電気機器	東証一部,福証
9818	大丸エナウィン	卸売	東証二部
6699	ダイヤモンドエレクトリックホールディングス	電気機器	東証一部
7354	ダイレクトマーケティングミックス	サービス	東証一部
3816	大和コンピューター	情報・通信	JASDAQ スタンダード
1925	大和ハウス工業	建設	東証一部
3107	ダイワボウホールディングス	卸売	東証一部
6459	大和冷機工業	機械	東証一部
4113	田岡化学工業	化学	東証二部

8233	高島屋	小売	東証一部
5923	高田機工	金属製品	東証一部
1762	高松コンストラクショングループ	建設	東証一部
2445	タカミヤ	サービス	東証一部
7981	タカラスタンダード	その他製造	東証一部
4215	タキロンシーアイ	化学	東証一部
6322	タクミナ	機械	東証二部
4502	武田薬品工業	医薬品	東証一部,名証一部,札証,福証
4665	ダスキン	サービス	東証一部
8159	立花エレテック	卸売	東証一部
5809	タツタ電線	非鉄金属	東証一部
9644	タナベ経営	サービス	東証一部
2668	タビオ	卸売	東証二部
5337	ダントーホールディングス	窯業	東証一部
6062	チャーム・ケア・コーポレーション	サービス	東証一部
8117	中央自動車工業	卸売	東証二部
1964	中外炉工業	建設	東証一部
8014	蝶理	卸売	東証一部
6464	ツバキ・ナカシマ	機械	東証一部
8052	椿本興業	卸売	東証一部
6371	椿本チエイン	機械	東証一部
6351	鶴見製作所	機械	東証一部
4027	テイカ	化学	東証一部
8249	テクノアソシエ	卸売	東証二部
6246	テクノスマート	機械	東証二部
8114	デサント	繊維	東証一部
5074	テスホールディングス	建設	東証一部
2484	出前館	情報・通信	JASDAQ スタンダード
6637	寺崎電気産業	電気機器	JASDAQ スタンダード
8144	電響社	卸売	東証二部
3204	トーア紡コーポレーション	繊維	東証一部
5973	トーアミ	金属製品	東証二部

9761	東海リース	サービス	東証二部
7483	ドウシシャ	卸売	東証一部
5781	東邦金属	非鉄金属	東証二部
5936	東洋シヤッター	金属製品	東証一部
5310	東洋炭素	窯業	東証一部
9686	東洋テック	サービス	東証二部
3101	東洋紡	繊維	東証一部
4553	東和薬品	医薬品	東証一部
5967	ＴＯＮＥ	金属製品	東証二部
9830	トラスコ中山	卸売	東証一部
3193	鳥貴族ホールディングス	小売	東証一部
6363	酉島製作所	機械	東証一部
9384	内外トランスライン	倉庫・運輸関連	東証一部
6239	ナガオカ	機械	JASDAQ スタンダード
6496	中北製作所	機械	東証二部
5941	中西製作所	金属製品	東証二部
7987	ナカバヤシ	その他製造	東証一部
6166	中村超硬	機械	東証マザーズ
7811	中本パックス	その他製造	東証一部
5408	中山製鋼所	鉄鋼	東証一部
7442	中山福	卸売	東証一部
6276	ナビタス	機械	JASDAQ スタンダード
7014	名村造船所	輸送用機器	東証一部
1850	南海辰村建設	建設	東証二部
9044	南海電気鉄道	陸運・海運・空運	東証一部
4465	ニイタカ	化学	東証一部
9699	西尾レントオール	サービス	東証一部
9021	西日本旅客鉄道	陸運・海運・空運	東証一部
8854	日住サービス	不動産	東証二部
9902	日伝	卸売	東証一部
5367	ニッカトー	窯業	東証一部
5186	ニッタ	ゴム	東証一部
4977	新田ゼラチン	化学	東証一部

6988	日東電工	化学	東証一部
5368	日本インシュレーション	建設	東証二部
3201	日本毛織	繊維	東証一部
5753	日本伸銅	非鉄金属	東証二部
5659	日本精線	鉄鋼	東証一部
9425	日本テレホン	情報・通信	JASDAQ スタンダード
4690	日本パレットプール	サービス	JASDAQ スタンダード
6490	日本ピラー工業	機械	東証一部
8086	ニプロ	精密機器	東証一部
1914	日本基礎技術	建設	東証一部
6418	日本金銭機械	機械	東証一部
4323	日本システム技術	情報・通信	東証一部
3252	日本商業開発	不動産	東証一部,名証一部
4114	日本触媒	化学	東証一部
4362	日本精化	化学	東証一部
2353	日本駐車場開発	不動産	東証一部
6788	日本トリム	電気機器	東証一部
2282	日本ハム	食品	東証一部
5950	日本パワーファスニング	金属製品	東証二部
6025	日本ＰＣサービス	サービス	セントレックス
4612	日本ペイントホールディングス	化学	東証一部
4814	ネクストウェア	情報・通信	JASDAQ スタンダード
7561	ハークスレイ	小売	東証一部
2810	ハウス食品グループ本社	食品	東証一部
8996	ハウスフリーダム	不動産	Q-Board
6752	パナソニック	電気機器	東証一部,名証一部
4410	ハリマ化成グループ	化学	東証一部
2726	パルグループホールディングス	小売	東証一部
8283	ＰＡＬＴＡＣ	卸売	東証一部
4442	バルテス	情報・通信	東証マザーズ
3418	バルニバービ	小売	東証マザーズ
9042	阪急阪神ホールディングス	陸運・海運・空運	東証一部

7804	ビーアンドピー	その他製造	東証マザーズ
9029	ヒガシトゥエンティワン	陸運・海運・空運	東証二部
6731	ピクセラ	電気機器	東証二部
9791	ビケンテクノ	サービス	東証二部
6247	日阪製作所	機械	東証一部
7004	日立造船	機械	東証一部
7185	ヒロセ通商	証券、商品先物取引	JASDAQ スタンダード
3563	ＦＯＯＤ ＆ ＬＩＦＥ ＣＯＭＰＡＮＩＥＳ	小売	東証一部
2985	ファーストステージ	不動産	東証マザーズ
9325	ファイズ	倉庫・運輸関連	東証一部
6420	福島工業	機械	東証一部
2752	フジオフードグループ本社	小売	東証一部
7957	フジコピアン	その他製造	東証二部
7864	フジシールインターナショナル	その他製造	東証一部
8860	フジ住宅	不動産	東証一部
6257	藤商事	機械	JASDAQ スタンダード
6400	不二精機	機械	JASDAQ スタンダード
2607	不二製油グループ本社	食品	東証一部
4368	扶桑化学工業	化学	東証一部
4538	扶桑薬品工業	医薬品	東証一部
9757	船井総研ホールディングス	サービス	東証一部
6839	船井電機	電気機器	東証一部
2468	フュートレック	サービス	東証二部
8087	フルサト工業	卸売	東証一部
3944	古林紙工	パルプ・紙	東証二部
3254	プレサンスコーポレーション	不動産	東証一部
8209	フレンドリー	小売	東証二部
8256	プロルート丸光	卸売	JASDAQ スタンダード
6262	ペガサスミシン製造	機械	東証一部
3934	ベネフィットジャパン	情報・通信	東証一部
7897	ホクシン	その他製造	東証一部

6804	ホシデン	電気機器	東証一部
6277	ホソカワミクロン	機械	東証一部
2483	翻訳センター	サービス	JASDAQ スタンダード
8995	誠建設工業	不動産	東証二部
6969	松尾電機	電気機器	東証二部
4365	松本油脂製薬	化学	JASDAQ スタンダード
5463	丸一鋼管	鉄鋼	東証一部
7594	マルカキカイ	卸売	東証一部
7524	マルシェ	小売	東証一部
2288	丸大食品	食品	東証一部
7565	萬世電機	卸売	東証二部
4917	マンダム	化学	東証一部
8022	美津濃	その他製造	東証一部
5820	三ッ星	非鉄金属	JASDAQ スタンダード
2773	ミューチュアル	機械	JASDAQ スタンダード
4919	ミルボン	化学	東証一部
1976	明星工業	建設	東証一部
6875	メガチップス	電気機器	東証一部
1853	森組	建設	東証二部
5464	モリ工業	鉄鋼	東証一部
4524	森下仁丹	医薬品	東証二部
6455	モリタホールディングス	輸送用機器	東証一部
5986	モリテック スチール	金属製品	東証一部
9837	モリト	卸売	東証一部
7460	ヤギ	卸売	東証二部
3598	山喜	繊維	東証二部
8051	山善	卸売	東証一部
1919	ヤマダ・エスバイエルホーム	建設	東証一部
8127	ヤマトインターナショナル	繊維	東証一部
4334	ユークス	情報・通信	JASDAQ スタンダード
3103	ユニチカ	繊維	東証一部
6061	ユニバーサル園芸社	サービス	JASDAQ スタンダード
3185	夢展望	小売	東証マザーズ
5357	ヨータイ	窯業	東証一部
5451	淀川製鋼所	鉄鋼	東証一部

2462	ライク	サービス	東証一部
8194	ライフコーポレーション	小売	東証一部
3065	ライフフーズ	小売	JASDAQ スタンダード
4680	ラウンドワン	サービス	東証一部
8143	ラピーヌ	繊維	東証二部
7090	リグア	サービス	東証マザーズ
8308	りそなホールディングス	銀行	東証一部
3497	LeTech	不動産	東証マザーズ
2183	リニカル	サービス	東証一部
7975	リヒトラブ	その他製造	東証二部,名証二部
7681	レオクラン	卸売	東証二部
3941	レンゴー	パルプ・紙	東証一部
4527	ロート製薬	医薬品	東証一部
9713	ロイヤルホテル	サービス	東証二部
4621	ロックペイント	化学	東証二部
5969	ロブテックス	金属製品	東証二部
4355	ロングライフホールディング	サービス	JASDAQ スタンダード
8125	ワキタ	卸売	東証一部
2735	ワッツ	小売	東証一部
5071	ヴィス	建設	東証二部
3784	ヴィンクス	情報・通信	東証一部

出所：各社 HP 及びプレスリリースポータルサイト JPubb「『大阪府』の上場企業一覧」

（http://www.jpubb.com/list/list.php?listed=1&pref=%E5%A4%A7%E9%98%AA%E5%BA%9C）

表 58　兵庫県の上場企業

証券コード	企業名	分類	市場
5857	アサヒホールディングス	非鉄金属	東証一部
7936	アシックス	その他製造	東証一部
4929	アジュバンコスメジャパン	化学	東証一部
5952	アマテイ	金属製品	東証二部
4462	石原ケミカル	化学	東証一部
2750	石光商事	卸売	JASDAQ スタンダード

5699	イボキン	鉄鋼	JASDAQ スタンダード
3241	ウィル	不動産	東証二部
7427	エコートレーディング	卸売	東証一部
5304	ＳＥＣカーボン	窯業	東証二部
2292	エスフーズ	食品	東証一部
6205	ＯＫＫ	機械	東証一部
5726	大阪チタニウムテクノロジーズ	非鉄金属	東証一部
9869	加藤産業	卸売	東証一部
7208	カネミツ	輸送用機器	東証二部
9364	上組	倉庫・運輸関連	東証一部
4572	カルナバイオサイエンス	医薬品	JASDAQ グロース
4616	川上塗料	化学	東証二部
7012	川崎重工業	輸送用機器	東証一部,名証一部
9322	川西倉庫	倉庫・運輸関連	東証一部
9919	関西スーパーマーケット	小売	東証一部
6378	木村化工機	機械	東証一部
8107	キムラタン	繊維	東証一部
7226	極東開発工業	輸送用機器	東証一部
6233	極東産機	機械	JASDAQ スタンダード
6457	グローリー	機械	東証一部
1451	ＫＨＣ	建設	東証二部
4960	ケミプロ化成	化学	東証二部
5603	虹技	鉄鋼	東証一部
5406	神戸製鋼所	鉄鋼	東証一部,名証一部
9046	神戸電鉄	陸運・海運・空運	東証一部
6568	神戸天然物化学	サービス	東証マザーズ
3038	神戸物産	卸売	東証一部
4761	さくらケーシーエス	情報・通信	東証二部
6044	三機サービス	サービス	東証二部
6518	三相電機	電気機器	JASDAQ スタンダード
9052	山陽電気鉄道	陸運・海運・空運	東証一部
5481	山陽特殊製鋼	鉄鋼	東証一部
7508	Ｇ－７ホールディングス	小売	東証一部
4552	ＪＣＲファーマ	医薬品	東証一部

6869	シスメックス	電気機器	東証一部
6994	指月電機製作所	電気機器	東証二部
6016	ジャパンエンジンコーポレーション	輸送用機器	東証二部
9885	シャルレ	卸売	東証二部
3004	神栄	卸売	東証一部
9083	神姫バス	陸運・海運・空運	東証二部
6299	神鋼環境ソリューション	機械	東証二部
5660	神鋼鋼線工業	鉄鋼	東証二部
4615	神東塗料	化学	東証一部
7224	新明和工業	輸送用機器	東証一部
3550	スタジオアタオ	小売	東証マザーズ
5110	住友ゴム工業	ゴム	東証一部
6355	住友精密工業	機械	東証一部
4341	西菱電機	サービス	東証二部
1768	ソネック	建設	東証一部
6962	大真空	電気機器	東証一部
4025	多木化学	化学	東証一部
6013	タクマ	機械	東証一部
2475	ＷＤＢホールディングス	サービス	東証一部
4448	Ｃｈａｔｗｏｒｋ	情報・通信	東証マザーズ
6809	ＴＯＡ	電気機器	東証一部
6333	帝国電機製作所	機械	東証一部
3433	トーカロ	金属製品	東証一部
8142	トーホー	卸売	東証一部
2303	ドーン	情報・通信	JASDAQ スタンダード
6466	東亜バルブエンジニアリング	機械	東証二部
6210	東洋機械金属	機械	東証一部
5105	ＴＯＹＯ　ＴＩＲＥ	ゴム	東証一部
7971	東リ	化学	東証一部
3437	特殊電極	金属製品	JASDAQ スタンダード
9365	トレーディア	倉庫・運輸関連	東証二部
7545	西松屋チェーン	小売	東証一部
5658	日亜鋼業	鉄鋼	東証一部
5184	ニチリン	ゴム	東証二部

2055	日和産業	食品	東証二部
6306	日工	機械	東証一部
6855	日本電子材料	電気機器	東証一部
5210	日本山村硝子	窯業	東証一部
5943	ノーリツ	金属製品	東証一部
4928	ノエビアホールディングス	化学	東証一部
5237	ノザワ	窯業	東証二部
7279	ハイレックスコーポレーション	輸送用機器	東証二部
7444	ハリマ共和物産	卸売	東証二部
6018	阪神内燃機工業	輸送用機器	東証二部
5195	バンドー化学	ゴム	東証一部
4517	ビオフェルミン製薬	医薬品	東証一部
9362	兵機海運	倉庫・運輸関連	東証二部
3059	ヒラキ	小売	東証二部
8917	ファースト住建	不動産	東証一部
3396	フェリシモ	小売	東証一部
3515	フジコー	繊維	JASDAQ スタンダード
2908	フジッコ	食品	東証一部
4237	フジプレアム	化学	JASDAQ スタンダード
6814	古野電気	電気機器	東証一部
6927	ヘリオス テクノ ホールディング	電気機器	東証一部
4102	丸尾カルシウム	化学	東証二部
1718	美樹工業	建設	JASDAQ スタンダード
5192	三ツ星ベルト	ゴム	東証一部
9115	明治海運	陸運・海運・空運	東証一部
4971	メック	化学	東証一部
3064	ＭｏｎｏｔａＲＯ	卸売	東証一部
5018	ＭＯＲＥＳＣＯ	石油・石炭製品	東証一部
2217	モロゾフ	食品	東証一部
5444	大和工業	鉄鋼	東証一部
2910	ロック・フィールド	食品	東証一部
2266	六甲バター	食品	東証一部
3612	ワールド	繊維	東証一部

8931	和田興産	不動産	東証二部

出所：各社 HP 及びプレスリリースポータルサイト JPubb「『兵庫県』の上場企業一覧」

（http://www.jpubb.com/list/list.php?listed=1&pref=%E5%85%B5%E5%BA%AB%E7%9C%8C）

表 59　奈良県の上場企業

証券コード	企業名	分類	市場
7214	ＧＭＢ	輸送用機器	東証一部
6338	タカトリ	機械	東証二部
8367	南都銀行	銀行	東証一部
6245	ヒラノテクシード	機械	東証二部

出所：各社 HP 及びプレスリリースポータルサイト JPubb「『奈良県』の上場企業一覧」

（http://www.jpubb.com/list/list.php?listed=1&pref=%E5%A5%88%E8%89%AF%E7%9C%8C）

表 60　和歌山県の上場企業

証券コード	企業名	分類	市場
3293	アズマハウス	不動産	JASDAQ スタンダード
8217	オークワ	小売	東証一部
8370	紀陽銀行	銀行	東証一部
3683	サイバーリンクス	情報・通信	東証一部
6222	島精機製作所	機械	東証一部
4120	スガイ化学工業	化学	東証二部
6663	太洋工業	電気機器	JASDAQ スタンダード
7590	タカショー	卸売	東証一部
3541	農業総合研究所	卸売	東証マザーズ

出所：各社 HP 及びプレスリリースポータルサイト JPubb「『和歌山県』の上場企業一覧」

（http://www.jpubb.com/list/list.php?listed=1&pref=%E5%92%8C%E6%AD%8C%E5%B1%B1%E7%9C%8C）

表 61　鳥取県の上場企業

証券コード	企業名	分類	市場
2222	寿スピリッツ	食品	東証一部
8383	鳥取銀行	銀行	東証一部
6898	トミタ電機	電気機器	JASDAQ スタンダード
6929	日本セラミック	電気機器	東証一部

7790	バルコス	その他製造	TOKYO PRO Market

出所：各社 HP 及びプレスリリースポータルサイト JPubb「『鳥取県』の上場企業一覧」

（http://www.jpubb.com/list/list.php?listed=1&pref=%E9%B3%A5%E5%8F%96%E7%9C%8C）

表 62　島根県の上場企業

証券コード	企業名	分類	市場
8381	山陰合同銀行	銀行	東証一部
7150	島根銀行	銀行	東証一部
9835	ジュンテンドー	小売	東証二部

出所：各社 HP 及びプレスリリースポータルサイト JPubb「『島根県』の上場企業一覧」

（http://www.jpubb.com/list/list.php?listed=1&pref=%E5%B3%B6%E6%A0%B9%E7%9C%8C）

表 63　岡山県の上場企業

証券コード	企業名	分類	市場
4760	アルファ	サービス	JASDAQ スタンダード
2153	Ｅ・Ｊホールディングス	サービス	東証一部
6091	ウエスコホールディングス	サービス	東証二部
1793	大本組	建設	JASDAQ スタンダード
9063	岡山県貨物運送	陸運・海運・空運	東証二部
3892	岡山製紙	パルプ・紙	JASDAQ スタンダード
2689	カワニシホールディングス	卸売	東証一部
2408	ＫＧ情報	サービス	JASDAQ スタンダード
3395	サンマルクホールディングス	小売	東証一部
6228	ジェイ・イー・ティ	機械	TOKYO PRO Market
2791	大黒天物産	小売	東証一部
6121	滝澤鉄工所	機械	東証一部
6266	タツモ	機械	東証一部
8382	中国銀行	銀行	東証一部
7610	テイツー	小売	JASDAQ スタンダード
9846	天満屋ストア	小売	東証二部
4172	東和ハイシステム	情報・通信	JASDAQ スタンダード
8542	トマト銀行	銀行	東証一部
7856	萩原工業	その他製造	東証一部
7416	はるやまホールディングス	小売	東証一部
9783	ベネッセホールディングス	サービス	東証一部

1728	ミサワホーム中国	建設	JASDAQ スタンダード

出所：各社 HP 及びプレスリリースポータルサイト JPubb「『岡山県』の上場企業一覧」
（http://www.jpubb.com/list/list.php?listed=1&pref=%E5%B2%A1%E5%B1%B1%E7%9C%8C）

表 64　広島県の上場企業

証券コード	企業名	分類	市場
8219	青山商事	卸売	東証一部
6173	アクアライン	サービス	東証マザーズ
9959	アシードホールディングス	小売	東証二部
2907	あじかん	食品	東証二部
2438	アスカネット	サービス	東証マザーズ
6668	アドテック プラズマ テクノロジー	電気機器	東証二部
2830	アヲハタ	食品	東証二部
6336	石井表記	機械	東証二部
8273	イズミ	小売	東証一部
1407	ウエストホールディングス	建設	JASDAQ スタンダード
7898	ウッドワン	その他製造	東証一部
7947	エフピコ	化学	東証一部
7827	オービス	その他製造	JASDAQ スタンダード
6327	北川精機	機械	JASDAQ スタンダード
6317	北川鉄工所	機械	東証一部
7939	研創	その他製造	JASDAQ スタンダード
9895	コンセック	卸売	JASDAQ スタンダード
7702	ジェイ・エム・エス	精密機器	東証一部
3597	自重堂	繊維	東証二部
4246	ダイキョーニシカワ	化学	東証一部
5610	大和重工	鉄鋼	東証二部
5974	中国工業	金属製品	東証二部
9504	中国電力	電力・ガス	東証一部
1941	中電工	建設	東証一部
3628	データホライゾン	情報・通信	東証マザーズ
4100	戸田工業	化学	東証一部
7018	内海造船	輸送用機器	東証二部
5161	西川ゴム工業	ゴム	東証二部

2742	ハローズ	小売	東証一部
1726	ビーアールホールディングス	建設	東証一部
7337	ひろぎんホールディングス	銀行	東証一部
9535	広島ガス	電力・ガス	東証一部
9033	広島電鉄	陸運・海運・空運	東証二部
6190	フェニックスバイオ	サービス	東証マザーズ
2291	福留ハム	食品	東証二部
9075	福山通運	陸運・海運・空運	東証一部
9264	ポエック	卸売	JASDAQ スタンダード
7601	ポプラ	小売	東証一部
8287	マックスバリュ西日本	小売	東証二部
3611	マツオカコーポレーション	繊維	東証一部
7261	マツダ	輸送用機器	東証一部
4364	マナック	化学	東証二部
4957	ヤスハラケミカル	化学	東証二部
2820	やまみ	食品	東証一部
6248	横田製作所	機械	JASDAQ スタンダード
5851	リョービ	非鉄金属	東証一部
6323	ローツェ	機械	東証一部

出所：各社 HP 及びプレスリリースポータルサイト JPubb「『広島県』の上場企業一覧」

（http://www.jpubb.com/list/list.php?listed=1&pref=%E5%BA%83%E5%B3%B6%E7%9C%8C）

表 65　山口県の上場企業

証券コード	企業名	分類	市場
1380	秋川牧園	水産・農林	JASDAQ スタンダード
3814	アルファクス・フード・システム	情報・通信	JASDAQ グロース
3280	エストラスト	不動産	東証一部,福証
1401	エムビーエス	建設	東証マザーズ,Q-Board
4098	チタン工業	化学	東証一部
5946	長府製作所	金属製品	東証一部
3297	東武住販	不動産	JASDAQ スタンダード,Q-Board
3047	ＴＲＵＣＫ－ＯＮＥ	卸売	Q-Board
2286	林兼産業	食品	東証一部

8894	原弘産	不動産	東証二部
9983	ファーストリテイリング	小売	東証一部
4250	フロンティア	化学	TOKYO PRO Market
8418	山口フィナンシャルグループ	銀行	東証一部
7065	ユーピーアール	サービス	東証二部
8167	リテールパートナーズ	小売	東証一部

出所：各社 HP 及びプレスリリースポータルサイト JPubb「『山口県』の上場企業一覧」

（http://www.jpubb.com/list/list.php?listed=1&pref=%E5%B1%B1%E5%8F%A3%E7%9C%8C）

表 66　徳島県の上場企業

証券コード	企業名	分類	市場
8388	阿波銀行	銀行	東証一部
3896	阿波製紙	パルプ・紙	東証一部
4686	ジャストシステム	情報・通信	東証一部
4598	Ｄｅｌｔａ－Ｆｌｙ Ｐｈａｒｍａ	医薬品	東証マザーズ
6174	デンタス	サービス	TOKYO PRO Market
7820	ニホンフラッシュ	その他製造	東証一部
1437	ピースリビング	建設	TOKYO PRO Market

出所：各社 HP 及びプレスリリースポータルサイト JPubb「『徳島県』の上場企業一覧」

（http://www.jpubb.com/list/list.php?listed=1&pref=%E5%BE%B3%E5%B3%B6%E7%9C%8C）

表 67　香川県の上場企業

証券コード	企業名	分類	市場
6832	アオイ電子	電気機器	東証二部
8928	穴吹興産	不動産	東証一部
4221	大倉工業	化学	東証一部
4336	クリエアナブキ	サービス	JASDAQ スタンダード
4099	四国化成工業	化学	東証一部
9507	四国電力	電力・ガス	東証一部
2156	セーラー広告	サービス	JASDAQ スタンダード
6395	タダノ	機械	東証一部
8600	トモニホールディングス	銀行	東証一部
7887	南海プライウッド	その他製造	東証二部

5279	日本興業	窯業	JASDAQ スタンダード
8386	百十四銀行	銀行	東証一部
7515	マルヨシセンター	小売	東証二部
4586	メドレックス	医薬品	東証マザーズ
1939	四電工	建設	東証一部

出所：各社 HP 及びプレスリリースポータルサイト JPubb「『香川県』の上場企業一覧」

（http://www.jpubb.com/list/list.php?listed=1&pref=%E9%A6%99%E5%B7%9D%E7%9C%8C）

表 68　愛媛県の上場企業

証券コード	企業名	分類	市場
9276	アザース	小売	TOKYO PRO Market
3177	ありがとうサービス	小売	JASDAQ スタンダード
8385	伊予銀行	銀行	東証一部
8541	愛媛銀行	銀行	東証一部
7857	セキ	その他製造	JASDAQ スタンダード
4245	ダイキアクシス	化学	東証一部
7673	ダイコー通産	卸売	東証一部
8278	フジ	小売	東証一部
1383	ベルグアース	サービス	JASDAQ スタンダード
7056	マルク	サービス	TOKYO PRO Market
6005	三浦工業	機械	東証一部
9955	ヨンキュウ	卸売	JASDAQ スタンダード

出所：各社 HP 及びプレスリリースポータルサイト JPubb「『愛媛県』の上場企業一覧」

（http://www.jpubb.com/list/list.php?listed=1&pref=%E6%84%9B%E5%AA%9B%E7%9C%8C）

表 69　高知県の上場企業

証券コード	企業名	分類	市場
6402	兼松エンジニアリング	機械	東証二部
6289	技研製作所	機械	東証一部
8416	高知銀行	銀行	東証一部
8387	四国銀行	銀行	東証一部
3891	ニッポン高度紙工業	パルプ・紙	JASDAQ スタンダード
7983	ミロク	その他製造	東証二部

出所：各社 HP 及びプレスリリースポータルサイト JPubb「『高知県』の上場企業一覧」

（http://www.jpubb.com/list/list.php?listed=1&pref=%E9%AB%98%E7%9F%A5%E7%9C%8C）

表 70　福岡県の上場企業

証券コード	企業名	分類	市場
9407	ＲＫＢ毎日ホールディングス	情報・通信	福証
4495	アイキューブドシステムズ	情報・通信	東証マザーズ
2198	アイ・ケイ・ケイ	サービス	東証一部
3845	アイフリークモバイル	情報・通信	JASDAQ スタンダード
3020	アプライド	小売	JASDAQ スタンダード
2653	イオン九州	小売	JASDAQ スタンダード
8260	井筒屋	小売	東証一部,福証
2924	イフジ産業	食品	東証一部,福証
6059	ウチヤマホールディングス	サービス	東証一部
7604	梅の花	小売	東証二部
6542	ＦＣホールディングス	サービス	JASDAQ スタンダード
2905	オーケー食品工業	食品	JASDAQ スタンダード
3943	大石産業	パルプ・紙	福証
6492	岡野バルブ製造	機械	東証二部,福証
3166	ＯＣＨＩホールディングス	卸売	東証一部,福証
9508	九州電力	電力・ガス	東証一部,福証
8596	九州リースサービス	その他金融	東証一部,福証
9142	九州旅客鉄道	陸運・海運・空運	東証一部,福証
1959	九電工	建設	東証一部,福証
5997	協立エアテック	金属製品	JASDAQ スタンダード
2300	きょくとう	サービス	JASDAQ スタンダード
2970	グッドライフカンパニー	不動産	JASDAQ スタンダード
7533	グリーンクロス	卸売	福証
5352	黒崎播磨	窯業	東証一部,福証
3246	コーセーアールイー	不動産	東証一部,福証
2579	コカ・コーラ　ボトラーズジャパンホールディングス	食品	東証一部
3349	コスモス薬品	小売	東証一部
2230	五洋食品産業	食品	TOKYO PRO Market
1999	サイタホールディングス	建設	福証
9536	西部瓦斯	電力・ガス	東証一部,福証
4651	サニックス	サービス	東証一部,福証
7527	システムソフト	情報・通信	東証一部

2435	シダー	サービス	JASDAQ スタンダード
8909	シノケングループ	不動産	JASDAQ スタンダード
5953	昭和鉄工	金属製品	福証
4931	新日本製薬	化学	東証一部
9206	スターフライヤー	陸運・海運・空運	東証二部
6653	正興電機製作所	電気機器	東証一部,福証
6144	西部電機	機械	東証二部,福証
9474	ゼンリン	情報・通信	東証一部,福証
9035	第一交通産業	陸運・海運・空運	福証
2974	大英産業	不動産	福証
2816	ダイショー	食品	東証二部
1966	高田工業所	建設	東証二部,福証
3561	力の源ホールディングス	小売	東証一部
8398	筑邦銀行	銀行	福証
7037	テノ．ホールディングス	サービス	東証一部,福証
5332	ＴＯＴＯ	窯業	東証一部,名証一部,福証
3286	トラストホールディングス	不動産	東証マザーズ,Q-Board
2342	トランスジェニック	サービス	東証マザーズ
2009	鳥越製粉	食品	東証一部,福証
2790	ナフコ	小売	JASDAQ スタンダード
7417	南陽	卸売	東証一部,福証
9031	西日本鉄道	陸運・海運・空運	東証一部,福証
7189	西日本フィナンシャルホールディングス	銀行	東証一部,福証
3440	日創プロニティ	金属製品	東証二部,福証
1771	日本乾溜工業	建設	福証
6998	日本タングステン	電気機器	東証二部,福証
3610	はかた匠工芸	繊維	TOKYO PRO Market
4447	ピー・ビーシステムズ	情報・通信	Q-Board
2818	ピエトロ	食品	東証一部
4827	ビジネス・ワンホールディングス	不動産	Q-Board
3726	フォーシーズホールディングス	小売	東証二部

8540	福岡中央銀行	銀行	福証
8354	ふくおかフィナンシャルグループ	銀行	東証一部,福証
1848	富士ピー・エス	建設	東証一部,福証
4594	ブライトパス・バイオ	医薬品	東証マザーズ
7813	プラッツ	その他製造	東証マザーズ,福証
9945	プレナス	小売	東証一部
3542	ベガコーポレーション	小売	東証マザーズ
6195	ホープ	サービス	東証マザーズ,Q-Board
7901	マツモト	その他製造	JASDAQ スタンダード
2919	マルタイ	食品	福証
7894	丸東産業	化学	福証
8203	ミスターマックス・ホールディングス	小売	東証一部,福証
6966	三井ハイテック	電気機器	東証一部,福証
1518	三井松島ホールディングス	鉱業	東証一部,福証
4885	室町ケミカル	医薬品	JASDAQ スタンダード
3824	メディアファイブ	情報・通信	Q-Board
2354	安川情報システム	情報・通信	東証二部
6506	安川電機	電気機器	東証一部,福証
5284	ヤマウ	窯業	JASDAQ スタンダード
8108	ヤマエ久野	卸売	東証一部
9265	ヤマシタヘルスケアホールディングス	卸売	東証一部
7525	リックス	卸売	東証一部,福証
2429	ワールドホールディングス	サービス	東証一部
3358	ワイエスフード	小売	JASDAQ スタンダード

出所：各社 HP 及びプレスリリースポータルサイト JPubb「『福岡県』の上場企業一覧」

（http://www.jpubb.com/list/list.php?listed=1&pref=%E7%A6%8F%E5%B2%A1%E7%9C%8C）

表 71　佐賀県の上場企業

証券コード	企業名	分類	市場
8395	佐賀銀行	銀行	東証一部,福証
7170	中央インターナショナルグループ	保険	TOKYO PRO Market

6643	戸上電機製作所	電気機器	東証二部
4530	久光製薬	医薬品	東証一部,名証一部,福証
4595	ミズホメディー	医薬品	東証二部

出所：各社 HP 及びプレスリリースポータルサイト JPubb「『佐賀県』の上場企業一覧」

（http://www.jpubb.com/list/list.php?listed=1&pref=%E4%BD%90%E8%B3%80%E7%9C%8C）

表 72　熊本県の上場企業

証券コード	企業名	分類	市場
7180	九州フィナンシャルグループ	銀行	東証一部,福証
9656	グリーンランドリゾート	サービス	東証二部,福証
3041	ビューティ花壇	卸売	東証二部
5285	ヤマックス	窯業	JASDAQ スタンダード
1431	Ｌｉｂ　Ｗｏｒｋ	建設	Q-Board

出所：各社 HP 及びプレスリリースポータルサイト JPubb「『熊本県』の上場企業一覧」

（http://www.jpubb.com/list/list.php?listed=1&pref=%E7%86%8A%E6%9C%AC%E7%9C%8C）

表 73　大分県の上場企業

証券コード	企業名	分類	市場
6076	アメイズ	サービス	福証
6314	石井工作研究所	機械	JASDAQ スタンダード
4392	ＦＩＧ	情報・通信	東証一部
8392	大分銀行	銀行	東証一部,福証
7414	小野建	卸売	東証一部,福証
3261	グランディーズ	不動産	東証マザーズ,Q-Board
9942	ジョイフル	小売	福証
3359	タイセイ	卸売	東証マザーズ,Q-Board
8559	豊和銀行	銀行	福証
3669	モバイルクリエイト	情報・通信	東証一部,福証

出所：各社 HP 及びプレスリリースポータルサイト JPubb「『大分県』の上場企業一覧」

（http://www.jpubb.com/list/list.php?listed=1&pref=%E5%A4%A7%E5%88%86%E7%9C%8C）

表 74　宮崎県の上場企業

証券コード	企業名	分類	市場
6537	ＷＡＳＨハウス	サービス	東証マザーズ,Q-Board

4054	日本情報クリエイト	情報・通信	東証マザーズ
7636	ハンズマン	小売	JASDAQ スタンダード
8393	宮崎銀行	銀行	東証一部,福証
8560	宮崎太陽銀行	銀行	福証

出所：各社 HP 及びプレスリリースポータルサイト JPubb「『宮崎県』の上場企業一覧」

（http://www.jpubb.com/list/list.php?listed=1&pref=%E5%AE%AE%E5%B4%8E%E7%9C%8C）

表 75　鹿児島県の上場企業

証券コード	企業名	分類	市場
1381	アクシーズ	水産・農林	JASDAQ スタンダード
1743	コーアツ工業	建設	東証二部,福証
4995	サンケイ化学	化学	福証
9778	昴	サービス	JASDAQ スタンダード
2058	ヒガシマル	食品	福証
7805	プリントネット	その他製造	JASDAQ スタンダード
6264	マルマエ	機械	東証一部
7441	Ｍｉｓｕｍｉ	卸売	福証
8554	南日本銀行	銀行	福証

出所：各社 HP 及びプレスリリースポータルサイト JPubb「『鹿児島県』の上場企業一覧」

（http://www.jpubb.com/list/list.php?listed=1&pref=%E9%B9%BF%E5%85%90%E5%B3%B6%E7%9C%8C）

表 76　沖縄県の上場企業

証券コード	企業名	分類	市場
8397	沖縄銀行	銀行	東証一部,福証
9436	沖縄セルラー電話	情報・通信	JASDAQ スタンダード
9511	沖縄電力	電力・ガス	東証一部,福証
2659	サンエー	小売	東証一部
6179	ＷＢＦリゾート沖縄	サービス	TOKYO PRO Market
3039	碧	小売	TOKYO PRO Market
7364	琉球アスティーダスポーツクラブ	サービス	TOKYO PRO Market
8399	琉球銀行	銀行	東証一部,福証

出所：各社 HP 及びプレスリリースポータルサイト JPubb「『沖縄県』の上場企業一覧」

（http://www.jpubb.com/list/list.php?listed=1&pref=%E6%B2%96%E7%B8%84%E7%9C%8C）

参考文献および参考 URL

本書執筆に際しては、日本の各証券取引所 HP、日本の上場企業各社 HP 及び有価証券報告書を参考にしております

なお、以下の参考 URL につきましては特記いたします。

総務省（2020）『【総計】令和 2 年住民基本台帳人口・世帯数、令和元年人口動態（都道府県別）』
https://www.soumu.go.jp/main_sosiki/jichi_gyousei/daityo/jinkou_jinkoudoutai-setaisuu.html

東京証券取引所（2020a）『上場審査基準」
https://www.jpx.co.jp/equities/listing/criteria/listing/

東京証券取引所（2020b）『新規市場区分の概要等について』
https://www.jpx.co.jp/equities/improvements/market-structure/nlsgeu000003pd3t-att/nlsgeu000004kjhc.pdf

東京証券取引所（2021a）『市場区分の見直しに向けた上場制度の整備について－第二次制度改正事項に関するご説明資料－』
https://www.jpx.co.jp/equities/improvements/market-structure/nlsgeu000003pd3t-att/nlsgeu000005b3hm.pdf

東京証券取引所（2021b）『新規上場情報』
https://www.jpx.co.jp/listing/stocks/new/index.html

あとがきに代えて　―新たな行動を起こすために学び続ける―

私（佐藤智充）は三島事件（楯の会事件）の2日後の1970年11月27日に産まれた。

戦後25年当時の日本は、日米安全保障条約の自動延長に伴う東大安田講堂事件や日航よど号ハイジャック事件など、激動の日本社会にもたらした大事件が数多く存在した。佐藤栄作内閣総理大臣による自民党政権は、その後、田中角栄内閣総理大臣に引き継がれ、田中角栄氏が目指した日本列島改造論によって、日本に高度成長期の時代が訪れた。

当時、東京で中古トラック1台で始めた父の建築土木会社は、高度成長期の波に乗り、多くの公共事業によって会社は瞬く間に大きくなった。山口県に居を移した後も父の会社は拡大を続け、山口県徳山市（現周南市）周辺の山陽自動車道は基礎部分の多くを父の会社が作ることとなった。

当時、小学生や中学生の時代であった私は、父の会社の事務所にも度々遊びに行き、従業員の運転するダンプカーに乗せてもらい、山奥の工事現場までドライブ気分で同行した。ダンプカーに乗ると、他の車より遙かに目線が高いために視界が広くて景色が良く、前を走る乗用車が真上から見えて、とても楽しかったことを覚えている（従業員にとっては仕事中なのだが…）。助手席に乗る私はドライブ中に眠くなると、トラックの後部座席部分がベッドになっており、ダンプカーに揺られながら快適に昼寝することができた。

私が高校生になったときには従業員の給与計算を手伝ったり、給料日前日には現金を数えて給与袋に入れるのを手伝ったりすることで、父の仕事の役に立っている気持ちになっていた。土木作業員である従業員らの多くは、若い頃にはかなり素行の悪かった経験を持つ者が多く、時に従業員の間で暴力的な喧嘩なども見られたが、更正した従業員らは根の部分では本当に優しい人たちであった。それらの従業員を雇う父も彼らに輪をかけて荒くれており、暴れると手をつけられなかった。

父は「男は強くないとイケン」といつも言っていた。父が開いていた柔道と空手の道場に私を連れて行き、当時小学生だった私は父から武道を叩き込まれた。柔道で投げ技を受けた際に腕を骨折し、入院することとなった私はその病院で医師を目指すきっかけをくれた優しい整形外科医に出会うこととなった。特に私がお願いするわけでもないのにジュースを買ってきてくれたり、家で読まなくなった漫画本を持ってきて私にプレゼントしてくれたりした。小学3年生だった私の幼心は感化され、「こんな優しいお医者さんになりたい」と思うようになった。

高度成長期の波に乗った会社も時代が進むにつれて、インフラ整備の仕事も少なくなり、徐々に公共事業は減っていった。個人宅の解体工事など、公共事業に比べると遙かに小さい仕事でも引き受け、従業員らも知り合いを通じて仕事を探すものの、新規の仕事は少なく、最終的には民主党政権時代のスローガンである「コンクリートから人へ」の時代になり、会社は倒産することとなった。残った中古のトラックや会社の土地を売却し、従業員らへのとても充分とは言えない額の退職金となった。

小学生の時代に学校の成績が若干良かった私は「将来は医者になりたい」と言うと、祖母や親戚らは喜んだ。本当に医者になりたいと思って言っている自分も居たし、周りの人たちを喜ばせたいと思って言っている自分も居た。父は会社の跡を継いで欲しいという気持ちがあったかもしれない。

大学の医学部に進学した私は医大生をやりながら、休日には父の会社も手伝うことがあった。しかし徐々に医学の勉強も忙しくなり、会社とも疎遠になっていった。その後、医師国家試験に合格し、晴れて医師となった私であるが、会社の経営が良くないことは母からも聞いていた。前述したように会社は倒産し、私を幼少期から可愛がってくれた従業員らの多くに挨拶をすることもできず、寂しがる従業員の様子だけを伝え聞いた。

東京で中古トラック 1 台から始めた父の会社の栄枯盛衰は、自分自身を形作る人生の一部に深く入り込み、倒産しなくても済むことができなかったのかを外科医をしながらも時々考えた。従業員らはどれほど小さい仕事でも良いからと知り合いに頼み込み、毎日のように親会社や同業他社に電話をしていたものの、そう簡単に仕事は見つからなかった。

外科医となった私は大学病院での研修医時代、愛媛県八幡浜市の市立八幡浜総合病院、山口県周防大島町の国民健康保険組合大島東部病院で外科医としてはまだまだ未熟でありつつも、徐々に成長する実感を得ていた。多くの医学書や手術書を読み、手術の前日には明日の手術の手順をイメージし、くどいようだが手術直前にももう一度手術の手順をイメージしてから手術に臨み、手術が終わった後も手術記録を書きながら反芻した。

大学病院に復学し、総合診療部（集中治療部）で集中治療を学び、その後、大学院に進学した私は食道癌の浸潤や転移に関わる遺伝子の研究を行った。山口大学の工学部の先生らの協力を得ながら、数千の食道癌遺伝子の中から最も癌の浸潤や転移に関係の深い 12 遺伝子の最適な組み合わせを探し出すという、殆ど遺伝子を使った数学の勉強であった。マハラノビス距離や Leave one out study など、かなり勉強したものの、難解な大学数学をなかなか理解できずに苦労し、未だに当時の夢を見ることがある。

平成 16 年に現在勤務中の日本赤十字社 小野田赤十字病院に勤務することとなった。当時は大学院の勉強や医学博士論文を書きながら外科医として勤務していた。各科の医師の数も多く、現在社会問題となっている医師不足は当時には全く感じていなかった。病院経営の情報も殆ど聞くことは無く、看護配置基準（患者数に対する看護師の配置人数の基準であり、明確に規定されている）や各種診療報酬の制度や指導料、管理料なども全く知らないままで臨床を楽しみ、患者さんと接することを楽しんでいただけであった。

医学博士の学位を取得後の平成 18 年に外科部長になり、さらに平成 22 年（39 歳時）に副院長となることで、臨床の最前線で働くのと同時に、経営に関する責任者にもなった。診療報酬や経営を学ぶにつれて、今自分が居る病院がなぜ倒産しないのか、父の会社の記憶と共に強烈な疑問が湧き起こった。

当時、あまりに看護師の数が多く、看護配置基準を大きく上回る人員が配置されており、人件費が異常に高いことだけは経営を勉強し始めたばかりの私であってもすぐに気づいた。そのときの看護部長に問い質したものの「医師は看護師の業務に口を挟まないで頂きたい」と言われ、全く会話にならなかったことを今でも強く記憶している。

解雇ができないために看護師の新規の採用を 2 年間凍結し、職員の自然減を待つことで、概ね適正な人員となり、私が副院長になる前年の平成 21 年度は約 1 億 4 千万円の赤字であった年度決算は、私が副院長になった平成 22 年度は賞与カットを伴ったものの、3738 万円の黒字、平成 23 年度は 709 万円の黒字、平成 24 年度は 6206 万円の黒字となり、3 期連続での黒字となった。「俺ってすごいのかも」と恥も知らずに鼻が高くなっていたが、これは前述した民主党政権による「コンクリートから人へ」の時代であり、あらゆる公共事業は削減され、失敗に終わったと認識される事業仕分けによって削減された予算もあったものの、医療政策に対してだけは配分が手厚く、全国的に見てもほとんど全ての医療機関の経営は良好であったのだ。

そのような中、平成 23 年（2011 年）3 月 11 日の東日本大震災である。当院も日本赤十字社の一員であり、私自身も宮城県石巻市や原子力発電所もある女川町に災害救護に赴いた。目の前に広がる荒廃した景色や水産加工場が津波で倒壊して散乱した魚が腐敗して漂う悪臭、至る所でひび割れた道路、海に流された家々を見て、自分にはまだまだやらなければならないことが多く存在することを改めて認識した。救護所に巡回診療した際に受診する避難者らの多くは、津波で流された内服薬を処方してもらうために来られたのが一番の目的であったかもしれないが、多くは家族に連絡が取れない、全て津波に流されてこれからどうして良いのか分からない、目の前で息子が津波に流されたなど、泣きながら長時間をかけて話す患者の対応に時間を要した。しかしそのいずれの時間も、私たち救護班が提供すべき最も必要な時間であったと考えている。

東日本大震災の初めての災害救護の経験は私に大きなインパクトを与えることとなり、経営の勉強も必要だが、災害の勉強も本当に必要だと思った。もっと勉強しなければいけないと感じた。それぞれの人の立場や場所、企業、時期や時代によって個々人に必要な勉強は変わり得る。人生の中では楽しい勉強も苦しい勉強もあったが、必要性を感じて努力する勉強は、その全てが楽しいと感じる。今の生活の中で勉強する必要性を感じていない人は、現時点で打ち込むものが無いのであろうと思う。しかしもう一歩踏み込んで周りを見回すと、周囲には困っている人や助けを求めている人が常に居る。それがビジネスチャンスになるか否かは別として、人は常に勉強することによって成長することを求められ、たとえ老人になっても培ってきた知識や経験を次世代に伝える責務がある。

東日本大震災の救護活動から帰ってきた私は、災害の勉強と共に、NBC（CBRNE）災害（化学テロ・生物テロ・放射線テロ・核テロ・爆弾テロの英語の頭文字によって表記される）などの特殊災害も学び、災害医療コーディネータの資格も取得した。核テロでは原子爆弾が核分裂反応を起こす仕組みである爆縮レンズの構造を学んだし、化学テロではサリンやソマン、タブンやVXガスへの対処法を学んだ。おそらく私の人生の中でこれらの災害に出合う蓋然性は極めて低いと考えられるが、役に立つ・立たないで勉強するか否かを決めるのでは無く、何かを勉強することによって、勉強する前には考えもしなかった知識や経験と結びつくことが楽しいのである。NBC災害の勉強では高校生の物理で学んだ核融合反応、中性子を発見したジェームス・チャドウィック、地下鉄サリン事件、圧力鍋に大量の釘やボールベアリングを入れて殺傷能力を高めたボストンマラソン爆破テロ事件など、教科書やニュースで知っていた知識をより詳細に知ることができる。

次に経験した災害救護は2016年の熊本地震であった。気象庁の地震観測史上最大の震度7の地震が4月14日と4月16日に発生し、前震（4月14日21時26分）によって脆くなった建造物の多くが本震（4月16日未明）によって倒壊した。日本赤十字社発祥の地であるジェーンズ邸（西南戦争による負傷者の救済のため、佐賀藩士である佐野常民が有栖川宮熾仁親王に博愛者の創設を嘆願し、許可された場所）もこの地震によって倒壊した。その後、博愛者は当時の明治政府が明治19年（1886年）にジュネーブ条約に調印したことによって、現在の日本赤十字社に改名されたのである。因みに1901年の第1回のノーベル平和賞受賞者は赤十字社を設立したスイス人であるジャン＝アンリ・デュナンである。

東日本大震災は津波による面の被害であったが、熊本地震は完全に倒壊した家屋もあれば、そのすぐ近くの区画は被害が小さかったり、多くの家屋が倒れている僅か1ｋｍ離れた場所では焼き肉の食べ放題の店が営業していたり、と、まさに「点」の被害であると感じた。

熊本赤十字病院救命救急センターの診療支援の後、益城町総合体育館の仮設診療所において救護活動を行った。活動中に日本テレビ「ニュースZERO」の取材を受けて、その日の夜に放送されたが、オバマ大統領が現職のアメリカ大統領として初めて広島原爆記念碑に献花に訪れるというニュースと同日であり、当然そのニュースが大きく放送された。

続いて、平成30年7月の西日本豪雨災害である。

台風7号及び梅雨前線による線状降水帯は広島県や岡山県のみならず全国に甚大な被害をもたらし、多くの死傷者と建物の被害が発生した。私は広島県坂町の小屋浦小学校で救護活動を行った。いずれの災害救護も忘れることができず、災害によって失った家族や財産に苦悩する地域住民の姿を目の当たりにしてきた。

自然災害救護から始まり、その後に続く特殊テロ災害の勉強は、執筆時点の令和3年における新型コロナウイルス感染対策にも繋がっており、山口県内の医療機関で発生した新型コロナウイルスクラスターの感染対策（一種の災害医療）でも活動の機会を与えられることとなった。

話を病院経営に戻そう。

平成22年に副院長になった私は、前述の災害医療と共に病院経営を考える責任を負うこととなった。民主党政権時代の黒字の後は、毎年の赤字が続き、どれだけ診療報酬の勉強をして、当院で算定可能な収益を調べ上げて実行しても黒字経営にすることは極めて困難であった。平成24年11月16日に野田佳彦内閣総理大臣による衆議院解散によって、その後、再度自民党政権となったが、当院の経営は平成25年には1534万円の赤字、平成26年は5373万円の赤字、平成27年には1億153万円の赤字となり、赤字額は増え続けた。病院経営は国の政策や診療報酬・介護報酬改訂によって収益額に影響を及ぼすが、公的医療機関である当院は借入金が増加しても、どこからも倒産の声は聞こえてこない。職員に経営に対する危機感はあまり感じられず、病床のベッドの多くが空いていても焦りを感じる職員は居なかった。副院長としての11年間の経験の間に亜急性期病床（その後の地域包括ケア病床）や介護医療院など、多くの医療・介護制度の改正が行われ、国による地域医療の方向性は、それまで急性期医療一辺倒であった多くの医療機関を回復期機能や療養機能または介護へと転換する道筋であることをひしひしと感じることができた。

職員数は放漫経営の時代に比較すると、概ね適正な人数となったものの、若年層の職員の離職率が高く、職員の平均年齢は極めて高かった。因みに平成 30 年 10 月のデータでは、全国に 91 施設の赤十字病院が存在するが、当院の看護師の平均年齢は下位から 3 番目に高かった。その結果、人数は適正であっても人件費は高く、さらにはあまり士気の高くない職員が散見される状態であった。

経営に関する多くの経験から、全国 91 施設の赤十字病院の中で赤字額の多い病院の経営指導に同行することとなり、日本赤十字社本社の経営指導監らと共にそれらの病院を回り、私の知る知識や経験を伝えることもできた。また私自身も多くの病院から経営改善に関する取り組みを学ぶことも多かった。

「それでも」である。当院の赤字額は年々増え続け、平成 30 年度にはついに 2 億 210 万円の赤字、平成 31 年度は 1 億 9813 万円の赤字となった。私は、この病院の経営がなぜ良くならないのかを薄々は感じていたし、どこをどのように改善すれば病院組織が良くなり、結果として経営も良くなるのかも分かっていた。取り組むべき項目は多岐にわたり、簡単な道のりではないことも、私一人ではできないことも理解していた。それら多岐にわたる問題点の改善策を一言で表すなら「空気を変えること」であった。

病院内の雰囲気は悪く、あたかも濁った空気が目に見えるようであった。モチベーションを保って楽しく働いている職員は殆ど見られない。上司から部下に対する指導においては、わざわざ必要の無いであろうきつい言葉を浴びせ、若い職員らはひたすら堪えている。あまりにも我慢できなくなり、それら若い職員が別の上司やマネジメント層の職員に相談に行っても、ただ単に「話しを聞くだけ」でなんら対策を打つことはなかった。結果、若い職員らは「変わらない現状と、これからも変わらないであろう現状」に失望して次々と退職していった。

私は何年も前から、人的資源管理、リーダーシップ論、ダイバーシティ・マネジメント、組織のガバナンス及び労働法制を学びたいと思っていた。だが、忙しさを理由にして MBA（経営学修士）を学ぶために経営専門職大学院に入学することを先延ばしにしてきた。

広島赤十字・原爆病院で MBA 学位を持つ病院長や、同じく MBA ホルダーである日本赤十字社本社の医師らの勧めもあり、とうとう県立広島大学大学院経営管理研究科ビジネスリーダーシップ専攻に入学することとなった。まだ在学中ではあるが、令和 3 年 4 月 1 日付で小野田赤十字病院の病院長に就任した。詳細を調べたわけではないが、公的医療機関の病院長兼大学院生という立場の者は、全国でも私一人ではないかと感じている。

執筆時点の現在の生活はあまりにも多忙で、夜自宅に帰っても、疲れすぎていて却って眠れない。経営専門職大学院に入学してから1年が経ち、この1年間だけでも多くのことを学んだ。高校生だった時にもニーチェやドストエフスキー、トルストイなどのロシア文学や哲学書など、マニアックな本を数多く読んでいたが、人生の中でこれほどまでに多くの本を読んだ1年間は無かった。この1年間に読んできた本の多くがビジネスに関する本であるが、その内容は見事なまでに当院の問題点を指摘する記述が書かれている。それらの記述は私が数年来ずっと感じていたことや考えていたことであり、活字として目に入ってくるのである。書籍に書かれている文章は、私の考えをその本の著者が文字にしてくれており、私がそれを確認するという作業の連続であったように感じることもあった。そしてそれを読む時間が大変楽しかった。自分の考えが正しかったことをそれらの本が提示してくれているように感じたのである。

この拙稿を読んでくださっている読者諸兄は、企業勤務者、スタートアップを考えている起業家、農業や漁業の従事者、公務員など、様々な立場でご活躍されているに違いない。もっとも、職種は何であれ、全読者の共通しているのは、「現状を少しでも良くしたいという熱い想い」を持っておられる点だと思う。

経営専門職大学院で学ぶ私は、来年3月にMBA学位を取得予定である。私を含めたMBA学位取得者は、その翌日から経営の全てができるようになるであろうか？

答えは否である。

所属している組織が大きく、歴史が長ければ長いほど、現状を変えるには困難を伴うに違いない。私見ではあるが、変革には志を同じくする仲間、できれば経営に関する共通言語を持つ仲間（MBAホルダー等）が必要である。

アルベルト・アインシュタインの言葉に「失敗や挫折をしたことがない人は、何も新しいことに挑戦したことがない人である」という名言がある。ビル・ゲイツやスティーブ・ジョブズのような世界を変えるイノベーションも最初は失敗の連続であっただろう。スティーブ・ジョブズが作ったアップルコンピュータ（Macintosh）の前にも日本でも有名なNECのPC9801シリーズに代表されるようにパーソナルコンピュータは存在した。携帯電話もiPhoneが最初なわけではなく、自動車電話も存在したし、J-PHONEやVodafoneもあった。iモード、メールの送受信、カメラ付き携帯電話もiPhoneが誕生する前から存在し、音楽もSONYのWalkmanで歩きながら聞くこともできた。アップルコンピュータはタッチパネルによってUX（ユーザーエクスペリエンス）を高め、シンプルで美しいデザインを取り入れ、アプリケーションという形で様々な機能を一つにまとめたところがイノベーションであった。初めてiPhoneを使う誰にとっても最初から分かりやすくし、使っていくうちにさらに分かるようにすることで、本のような厚さの取扱説明書などは最初から付属されていないのは読者諸兄がご存じの通りである。

私たちの多くは一人一人にできることは小さいが、読者諸兄の中には破壊的イノベーションを生み出す人がいるかもしれない。しかし、全てのイノベーションには必ず「最初の一歩」がある。行動を起こさなければ「決して」何も生まれないのだ。

行動を起こす最初の動機は何でも良いと考える。「金持ちになって裕福な生活がしたい」でも良いし、「会社の中で昇進したい」「出世したい」または「お金など関係なく○○の課題を解決したい」でも良い。

私は公的医療機関の病院長として、公的医療機関では今まであまり実践されることがなかった経営イノベーションを実行したいと考えている。経営イノベーションの言葉の定義は別稿に譲るとして、ほとんどの公的医療機関は未だに病院長をトップとし、副院長・看護部長・事務部長、看護師長や事務系課長、次いで係長さらにその他の一般職員等々の所謂ヒエラルキーの構造になっている。多くの経営方針などの意思決定は一部のマネジメント層によってのみ行われ、トップダウン一方向性の、しかも拙い情報伝達によって組織全体が有機体の組織として活動していることは稀である。

病院長としての私はヒエラルキー組織のトップとして存在するのではなく、あくまでも「病院長の役割」を担うに過ぎない。対外的な仕事もあるし、最終的な意思決定の業務を担う仕事もある。病院長は「あらゆる責任を取る」のが役割である。

「企業としての病院」は他業種の企業に比べると、極めて経営効率が悪く、特に公立・公的医療機関ではその傾向が顕著である。本来の公立・公的医療機関は非営利組織として存在するとの建前はあるが、現実には独立採算制であり、今後は経営収支の改善が見られない医療機関に対して業務縮小や統廃合の議論が進むと思われる。

ガバナンスに関しても経営トップの方針が隅々まで伝わるまでには多段階の伝言ゲームがあり、実際の現場に方針が伝わる時には意図したことと伝わった内容が異なっていることが度々存在する。一部の税務監査や会計監査は存在するものの、多くは意思決定者に対するチェック体制は機能していない。授業員エンゲージメントを高め、地域の患者やそのご家族からだけでなく、地域の同業者が働きたくなる医療・介護機関として選ばれる組織を作らなければならないと考える。

前述の通り「空気を変える」道のりは大きな困難を伴うに違いないが、既存のヒエラルキー構造を一旦解体し、真にダイバーシティ・マネジメントによる「役割」によって、組織全体が有機体の組織として活動しなければならないと考えている。

私は、フレデリック・ラルーの著書『ティール組織』を作る必要があると思っている。そのような有機体組織である医療機関ができてこそ初めて、たとえ私が居なくとも、今後も持続可能な医療機関になると考えている。当院での経営イノベーションを成功させることができれば、全国の他の公立・公的医療機関にも活用して頂けるように、医療・介護機関の経営イノベーションを広めていきたいと考えている。重ねて申し上げるが、経営イノベーションの実現には、「共に行動する仲間」が不可欠である。

社会の課題は至る所に散りばめられており、解決すべき問題は無数にある。

一人の力では解決不可能な大きな課題もあるであろう。また、一つの課題を解決したとしても、次に別の新しい課題が見つかるであろう。

私は、50歳の「オヤジ」です。このオヤジも「現状を少しでも良くしたいという熱い想い」を抱いて日々奮闘しています。行動して成果を上げるには知識やスキルのアップデートが欠かせません。

私は、新たな行動を起こすために学び続けます。

読者諸兄がそれぞれのお立場で、謙虚に学び、より良い社会の実現をめざして実際に行動する「仲間」となって下さったら、最高に嬉しいです。

本書を最後まで読んで頂き、本当にありがとうございました。

2021年5月10日
佐藤　智充

＜編著者紹介＞

安達　巧（あだち・たくみ）

1966年生まれ。

早稲田大学商学部卒業。東北大学大学院法学研究科私法学専攻博士前期課程修了〔修士（法学）学位取得〕後、東北大学大学院経済学研究科経営学専攻博士後期課程に進学し、標準在学期間3年より短い2年間の在籍で同博士後期課程を修了して博士（経済学）学位を取得。

神戸大学大学院法学研究科法政策専攻博士後期課程単位修得退学。

自ら起業しての会社経営及び税理士資格も活かした経営コンサルティングやアントレプレナー育成を経て、現在は県立広島大学ビジネススクール（経営専門職大学院）教授。

日本ソムリエ協会認定ワインエキスパートや一般旅行業務取扱主任者（現在は「総合旅行業務取扱主任者」へと名称変更）の資格も有する剣道2段（全国大会優勝経験あり）。

<主要著書>

『ディスクロージャーとアカウンタビリティー－監査人としての公認会計士の責任－』創成社（2002年）

『企業再生の戦略』創成社（2002年）

『企業倫理とコーポレートガバナンス－知的資産の有効活用－』創成社（2002年）

『会計基準の法的位置づけ－財務書類の真実性と会計・監査基準－』税務経理協会（2004年）

『ベンチャー企業のファイナンス戦略－会社法の徹底活用－』（長島弘と共著）白桃書房（2007年）

『19歳のときまでに教えてほしかったこと』（闖なぎさ等と共著）ふくろう出版（2011年）

『コーポレートガバナンスと監査と裁判所』ふくろう出版（2014年）（日本図書館協会選定図書）

『サムライ・イノベーション～社会を変える起業家のための思考と資金戦略～』（藤本健太と共著）ふくろう出版（2015年）

『コンプライアンス－ハラスメント事例研究－』（寺澤晃平・土居真大と共著）ふくろう出版（2018年）

『不正会計とわが国の投資家保護』ふくろう出版（2020年）

『アントレプレナーシップと戦略経営－ビジネススクールでの実践－』（米山真和・村川琢也と共著）ふくろう出版（2021年）

『地方発でもユニコーン企業創出を可能にする実践的起業家教育の試み』ふくろう出版（2021年）

ほか著書・論文多数。

＜著者紹介＞

佐藤　智充（さとう・ともみつ）

1970 年　山口県生まれ。

1996 年　川崎医科大学医学部卒業。

2004 年　山口大学大学院 先端分子応用医科学講座 医学博士課程修了。博士（医学）。

山口大学医学部附属病院での研修医、市立八幡浜総合病院、国民健康保険組合大島東部病院、山口大学医学部附属病院　消化器・腫瘍外科での臨床経験を経て、2004 年より現在の日本赤十字社 小野田赤十字病院に在籍。

外科部長を経て、2010 年（39 歳時）に同副院長。2021 年同病院長兼併設老人保健施設所長。

小野田赤十字病院医療安全推進室長

日本赤十字社災害医療コーディネーター

東日本大震災・熊本地震・西日本豪雨災害などの災害救護に携わると共に、医療経営アドバイザーを行う。

現在は小野田赤十字病院の病院長であると同時に県立広島大学経営専門職大学院（ビジネス・スクール）に在籍する学生でもある。

福本　由紀（ふくもと・ゆき）

1996 年　広島県生まれ。

2019 年　近畿大学工学部卒業。

卒業後関東の不動産会社に入社。

新築分譲マンション営業を経て、スポーツジムで出会ったメンバーと出張型水泳指導の合同会社を設立。

現在、県立広島大学大学院経営管理研究科（ビジネス・スクール）在学中。

コロナ禍の新規上場とアントレプレナーシップ

2021年6月12日　初版発行

編著者　安達　巧
著　者　佐藤　智充
　　　　福本　由紀

発　行　ふくろう出版
〒700-0035　岡山市北区高柳西町 1-23
友野印刷ビル
TEL：086-255-2181
FAX：086-255-6324
http://www.296.jp
e-mail：info@296.jp
振替　01310-8-95147

印刷・製本　友野印刷株式会社
ISBN978-4-86186-822-1 C3034